AF277977

AUGE

Alicia Valdés (1992) es politóloga, psicoanalista y doctora en Humanidades. Dirige la escuela de pensamiento La·grima y es autora de *Política del malestar* (Debate, 2024). Su trabajo aborda el análisis político crítico desde el psicoanálisis y la filosofía política creando nuevas percepciones del sujeto, las identidades y el deseo.

ALICIA VALDÉS

AUGE

Género, juventud
y extrema derecha

EN DEBATE

Papel certificado por el Forest Stewardship Council®

Primera edición: abril de 2026
Primera reimpresión: abril de 2026

© 2026, Atalí Alicia Valdés Lucas
Por mediación de MB Agencia Literaria, S. L.
© 2026, Penguin Random House Grupo Editorial, S. A. U.
Travessera de Gràcia, 47-49. 08021 Barcelona

Diseño de la colección: PRHGE/Nora Grosse

Printed in Spain – Impreso en España

ISBN: 979-13-87600-46-4
Depósito legal: B-2.503-2026

Compuesto en La Nueva Edimac, S. L.
Impreso en Huertas Industrias Gráficas, S. A.
Fuenlabrada (Madrid)

C600464

*A Leonora, Olivia, Atalí y Clara.
Ojalá dejaros un mundo mucho
mejor que el que me encontré.*

Índice

Man up, sit down
Chin up, pipe down
Socks up, don't cry
Drink up, just lie
«Grow some balls», he said
«Grow some balls»
The mask
Of masculinity
Is a mask
A mask that's wearing me
The mask, the mask, the mask.*

IDLES, «Samaritans»

* Pórtate como un hombre, siéntate. / Levanta la barbilla, cállate. / Súbete los calcetines, no llores. / Emborráchate, solo miente. / «Ten pelotas», dijo. / «Ten pelotas». / La máscara / de la masculinidad / es una máscara, / una máscara que me lleva a mí. / La máscara, la máscara, la máscara.

Prólogo o, quizá, *disclaimer*

Este libro no va sobre hombres, va sobre el Hombre. Tampoco va sobre los jóvenes, habla del Joven. Este libro se basa en las construcciones sociales que hemos creado de cada uno de esos sujetos abstractos con los que hemos decidido, en algún momento y sin saber muy bien cómo, ordenar el mundo. Este libro va de los arquetipos, estereotipos o cánones que hemos levantado y que reproducimos cada día. Pero que no por ser abstractos, estandarizaciones o ideales dejan de ser reales.

Este libro va sobre cómo la imposición de ese ideal del Hombre nos está llevando a un mundo de individualismo, dolor y malestares. Porque ese arquetipo de Protector, Proveedor y Procreador (un PPP, vamos, un perro potencialmente peligroso de toda la vida) nunca fue cierto, pero se ha vivido como tal porque un sistema político autoritario y otro económico de explotación necesitaban que lo fuera.

Cada día decidimos construir un Yo en torno a aquello que hemos elegido como deseable. Los feminismos contemporáneos aparecieron para cargarse la identidad Mujer y demostrar que no era más que una categoría política y económica a la que se había vestido de debilidad, dependencia, ternura y cobardía y a la que dijeron que sus ropas eran las propias de la feminidad. Hablar de mujeres en su pluralidad es lo que permitió que pudiéramos comenzar a pensar en la idea de feminidades emancipatorias, liberadoras. La teoría queer y los transfeminismos nos dieron un empujón más que necesario para cuestionar el papel del género. Este ni es estanco ni obligatorio ni mucho menos, responde a esos arquetipos dolorosos que se nos imponen como cilicios mientras nos dicen que se trata de ligueros.

Hay muchos hombres. Hay hombres maricas, hombres femeninos, hombres trans, hombres jóvenes, hombres que se oponen a la violencia y hombres que se levantan cada día tratando de esquivar una forma de ser impuesta. Pero este libro no va sobre ellos, sino sobre aquellos que aún se retuercen para encajar en una categoría que termina por hacerlos infelices y arrastran a las demás a un mundo donde la igualdad es cada vez más difícil. Un presente por el que asoma el auge de una extrema derecha que busca acabar con todas las que decidimos no encajar en las expectativas sociales que alimentan un mundo lleno de dolor.

1. Yo no he sido

A mí no me mires, yo voté a Kodos.

HOMER SIMPSON

¿Quién tiene la culpa? Esta pregunta caracteriza el tono actual de la discusión sobre el acusado auge global de la extrema derecha. Parece de vital importancia que podamos dibujar el contorno del sector poblacional responsable del giro político al que cada vez más países se ven abocados. Estaría bien saber para qué. Si solo buscamos una venganza sádica o si nuestra intención es la de comprender y confiar en la capacidad de cambio.

La verdad es que las respuestas a la pregunta de quién es el culpable no se han hecho esperar demasiado. Tampoco es que hayan sido demasiado originales. Todas apuntan a los de siempre. Lo que ha pasado está claro: toca señalar a los hombres jóvenes y a las feministas. A ellos, por haberse socializado en un mundo al que han llegado como nativos digitales, en el que son fácilmente manipulables. Y a ellas, por haberse excedido en eso de la igualdad.

Las explicaciones suelen relacionar a ambos colectivos esbozando un conflicto irresoluble entre ellos. Todo comienza porque a las feministas se les ha ido la olla, son feminazis, odian a los hombres y generan misandria y han hecho que jóvenes descerebrados se lancen a partidos políticos de ultraderecha que los esperan con los brazos abiertos. La caricatura de agentes del mal no se queda en las feministas, los y las jóvenes suelen ser señalados como integrantes de una generación caprichosa, malcriada e irascible, con un acceso a la realidad parcial y muy sesgado por las redes sociales controladas por la extrema derecha. Todo esto genera un escenario en el que hombres jóvenes y mujeres feministas se vuelven claramente antagonistas. Las premisas que apoyan estas teorías de nuevo antagonismo social no han salido de la nada, sino que se basan, en muchas ocasiones, en estudios estadísticos (leídos parcialmente) que han de ser revisados de manera crítica.

Creo que no es difícil situar en el tiempo el momento en el que esta narrativa de jóvenes versus feministas empezó a inundar nuestros medios de comunicación: sucedió el 26 de enero de 2024, cuando el periodista de datos John Burn-Murdoch publicó en el *Financial Times* el artículo «A new global gender divide is emerging» («Una nueva división de género emerge a nivel global»).[1] Aquel tema captó la atención de expertos, politólogos y comentaristas porque analizaba estadísticas mundiales de posición ideológica y establecía que, en la gente joven, las diferencias eran cada vez mayores entre géneros. Es decir, hombres y mujeres adultas no mostraban índices de polarización (palabra en boca de todas en los últimos años) tan altos como los de quienes los seguían en edad.* El artículo y los datos referenciados se convirtieron en la gasolina de muchas tertulias, comentarios y encendidas columnas de opinión (sin mencionar los millones de tuits generados) en busca de culpables ante dicha disposición política. El experto en masculinidades Lionel Delgado ya señaló el importante rol que desempeñan los medios de comunicación en una cruzada amarillista por tener el titular que más pánico (y visitas) pueda generar: «Le han dado tanto peso a la reacción juvenil que al final la alimentaron».[2]

En el territorio español, dos días antes del incendiario reportaje del *Financial Times*, el CIS presentó el estudio *Percepciones sobre la igualdad entre hombres y mujeres y estereotipos de género*. En él, se indicaba que más de la mitad de los encuestados de entre dieciséis y veinticuatro años decían estar «muy» o «bastante de acuerdo» con la idea de que «se ha llegado tan lejos en la promoción de la igualdad de género que ahora se discrimina a los hombres».[3] Las conclusiones (que siempre llegan demasiado rápido y con poco análisis) parecían claras: el giro masculino y joven hacia la derecha era una consecuencia directa de la falta de aceptación de un

---

* El uso del término «polarización» es de todo menos inocente. Cuando hablamos de polarización estamos haciendo referencia también a dos extremos radicales que se contraponen como dos polos opuestos que hay que intentar evitar. Sin embargo, concluir con la idea de que el machismo y el feminismo son posiciones radicales es un ejercicio de interés ideológico. El fascismo es una posición radical por sus postulados antihumanitarios. El antifascismo no es una posición radical, a no ser que consideremos que la defensa de los derechos humanos lo es.

feminismo fuera de control. Dicho de otra manera: la extrema derecha es una respuesta a la acción ilimitada y violenta del feminismo. Pero no de cualquier feminismo, sino de una especie de fantasma que recorre Europa con los sobacos sin depilar, con purpurina en la piel y, sobre todo, devorando a los hijos ajenos al más puro estilo del Saturno de Goya, solo que a través de una vagina dentada.

Al mismo tiempo, los sectores adultos de la población se refugian tras una especie de «yo no he sido». «Esta vez no la hemos liado nosotros, son los jóvenes, sobre todo los hombres jóvenes, los que no están sabiendo comportarse de manera responsable ante el tiempo político que les ha tocado vivir». La culpa es siempre del vecino, o, como decía Sartre, el infierno son los otros. Que los datos revelen que los hombres adultos votan menos que los jóvenes a la extrema derecha genera una sensación de alivio y superioridad para muchos de los veteranos. «Bueno, nosotros sí que sabemos lo que hay que hacer, ellos no tienen ni idea». Y comienza aquí una serie de batallas retóricas llenas de categorías *clickbait* que buscan definir a las nuevas generaciones como moralmente deficientes e intelectualmente inferiores a través de etiquetas como la de «generación de cristal». Varios de estos análisis ponen una cuestión muy clara en el centro: los y las que vienen no están preparados para la realidad que les ha tocado vivir (la versión política de la manida frase «los jóvenes escuchan música del demonio»). Sin embargo, una parte del debate se elude sistemáticamente: ¿quiénes han dado forma a esa realidad? ¿Qué edad tienen los y las líderes de los partidos de extrema derecha?

¿Quiénes han permitido el blanqueamiento y llegada de estos proyectos políticos a los medios de comunicación de masas y los parlamentos?

Siempre es difícil establecer conexiones entre variables estadísticas. Sostener las observaciones en datos y teorías, también. Sin embargo, muchas personas poseen una facilidad pasmosa para estrangular los números hasta que vomiten lo que quieren escuchar y así sentirse científicos sociales por un día. No obstante, los estudios que comparan las tendencias globales de voto respecto al género no siempre exploran de manera detallada lo que implica el espectro ideológico en cada país. Cuando se tienen tantos datos de tantos países que engloban periodos de tiempo muy largos, pocas veces se desarrollan investigaciones pormenorizadas sobre lo que significa ser de izquierdas o de derechas en cada región.* Además, un elemento llamativo es que muchas estadísticas que dividen los datos por género pocas veces hacen un análisis de género de estos. En otras palabras, solo se prestan a decir: los hombres hacen x, las mujeres, y, sin analizar cuestiones como que las mujeres puedan mentir en una encuesta debido a contextos de violencia política, que los

---

* Otra cosa que debemos plantear es si el eje ideológico derecha-izquierda generado en los estudios de ciencia política del Norte Global puede realmente adaptarse a otros contextos geopolíticos. Además, el espectro derecha/izquierda no siempre recoge la posibilidad de que una persona pueda considerarse progresista en lo sociocultural pero liberal en lo económico. Es decir, no sabemos si son nazis o solo neoliberales que piensan que la opresión y la desigualdad son efectos colaterales no deseados del mejor sistema económico pensable.

modelos de masculinidad puedan ejercer presión sobre los hombres (de modo que también estos acaben mintiendo), el significado geográfico de cada acción… y un largo etcétera de otros condicionantes que hay que tener en cuenta presentes en los manuales estadísticos, que suelen ser obviados.

No solo se trata de cómo generamos o leemos los datos, sino también de entender que estos no son suficientes a la hora de explicar el comportamiento político. Como ya vengo argumentando en otros trabajos, elementos como las emociones, el deseo, los procesos de identificación o el inconsciente juegan un papel clave a la hora de comprender los fenómenos políticos contemporáneos.[4]

Establecer una correlación directa entre acciones feministas y el auge de la extrema derecha presupone muchas hipótesis no validadas, así como riesgos para la propia acción política. Por un lado, establecer que el auge de la extrema derecha responde a los avances feministas implica afirmar que el feminismo es una fuerza contrahegemónica capaz de disputar el poder. Los datos de desigualdad, matrimonios forzados, violencia tránsfoba, violencia de género, violencia sexual y un largo etcétera de violencias contra las mujeres y las disidencias* ponen en evidencia que estamos lejos de ese punto. Además, comprar el relato de que el feminismo ha avanzado demasiado en su reto de lograr la igualdad implica comprar la idea de que el feminismo no es

* Por disidencias entendemos a cualquier persona disidente del sistema heteropatriarcal. Gais, lesbianas, maricas, bolleras, trans, bisexuales, etc.

un movimiento social global, sino que solo busca mejorar la vida de un sector poblacional reducido.*

Para no caer en un estudio alejado de los datos y de la realidad, el objetivo de este breve ensayo es analizar datos más amplios sobre tendencia ideológica global por edad y género y valorar cuáles son las explicaciones más plausibles que se trabajan en la actualidad para justificar dichas inclinaciones. Pero no desde espacios generados por medios de comunicación, sino desde instituciones especializadas en investigación. Quizá lo primero que haya de hacerse sea separar los datos de las lecturas de datos.

¿Qué carajo está pasando?

Diferentes estudios demuestran que hoy en día se dan dos fenómenos ideológicos diferentes.[5] El primero es que los hombres jóvenes muestran una mayor tendencia a apoyar y votar a partidos de extrema derecha en comparación con otros de mayor

---

* De hecho, esta es una lectura parcial e interesada que dibuja una falsa imagen del feminismo como contrafuerza del progresismo al producir una reacción ultraderechista. Se generaliza una idea conservadora y de falsa autoconservación que establece que, cuanto más avance el feminismo, mayor destrucción dejará a su paso. De esta manera, se ponen límites a los avances progresistas para mantener una especie de «equilibrio» que permita la explotación, pero poca, que seguimos siendo progres. A la vez, esta lectura consigue generar una sensación de paz con uno mismo con respecto a su posición feminista: se considera que existe un feminismo bueno y uno malo y que quienes ponen límites a esta manera de habitar el mundo son quienes poseen el feminismo bueno.

edad. El segundo es que también se revela en ellos una mayor inclinación al voto y un acercamiento a la extrema derecha que entre las mujeres jóvenes. Sin embargo, leer los datos y formular hipótesis es un trabajo arduo que necesita de análisis más sosegados y complejos. Varios y varias especialistas en la materia han analizado de manera más profunda las estadísticas que apuntaba Murdoch en su artículo, así como otras que responden a realidades geográficas más concretas.*

En marzo de 2025 se publicó un estudio académico, al que llamaremos estudio de Milosav, que analizaba los datos de voto en las elecciones al Parlamento Europeo de noviembre de 2023, cuyos resultados demostraban el avance de la extrema derecha en Europa.[6] Este análisis es más profundo que los que consiguieron hacerse un hueco en las conversaciones públicas y lanza hipótesis que pueden arrojar luz sobre este giro político, también a nivel global.** En torno a la cuestión de por qué los hombres jóvenes demuestran una mayor cercanía ideológica o tendencia al voto a partidos de extrema derecha, los autores de este estudio señalan diferentes argumentos que la ciencia política pone sobre la mesa como posibles causas. El primero de

* Una de las críticas al artículo de Murdoch y los datos que utilizó residía precisamente en que el espectro ideológico de izquierda/derecha no responde a todas las realidades políticas.
** El análisis que presentamos en este breve ensayo busca ofrecer una visión general de estas teorías; sin embargo, sería interesante desarrollar un análisis por contextos geográficos específicos para dar cuenta de los elementos propios que merece cada espacio.

ellos es que estos perciben que los efectos negativos de las crisis económicas actúan sobre ellos de manera más descarnada y violenta que sobre otros actores políticos. El segundo responde a la impresión de que las políticas progresistas vinculadas a la igualdad empoderan a sectores oprimidos, lo que genera malestar entre hombres que se identifican como los agentes que salen peor parados. Por último, los autores sitúan las redes sociales, a los *manfluencers* y las narrativas de extrema derecha en foros y redes sociales como elementos centrales para el giro ultraconservador masculino.*

El estudio de Milosav es un punto de partida interesante para abordar de manera analítica un fenómeno tan complejo como peligroso. Los datos nos dicen que la generación Z y, con menor intensidad, la *millennial* tienen probabilidades más altas de votar a la extrema derecha en comparación con predecesoras como la X o los *baby boomers*. Entre los más jóvenes son los hombres los que, consistentemente, muestran una mayor predilección por partidos de extrema derecha. Asimismo, esta tendencia se intensifica a medida que la generación Z va cumpliendo años, lo cual dibuja un escenario a medio plazo poco halagüeño para quienes creemos en la igualdad.[7] No obstante, antes de adentrarnos en

---

* Los *manfluencers* son *influencers* que generan contenido sobre formas de desarrollar la masculinidad. Son generalmente neoliberales. Sus posiciones sobre el conservadurismo y lo tradicional dependen en su mayoría del mercado en el que quieran abrirse camino. En el último año y medio se ha producido un claro giro a posturas religiosas y de refuerzo de roles tradicionales de género, antimasturbación, etc.

esta idea de que los jóvenes son el motor de la ultraderecha, es importante poner los pies sobre la tierra: hay autores que afirman que la tendencia masculina joven a la derecha no es un elemento generalizado o tan fuerte como se está esgrimiendo en el territorio más *mainstream*.

La politóloga Gefjon Off y sus colegas afirman en su estudio «Is There a Gender Youth Gap in Far-Right Voting and Cultural Attitudes?» que la diferencia entre adultos y jóvenes en los datos europeos analizados es de solo un 7 por ciento. Es decir, no lo suficientemente grande como para resultar relevante.[8] Merece entonces la pena preguntarse por qué parece tan atractivo que conglomerados mediáticos cubran de manera incansable esta cuestión mediante titulares y noticias alarmantes. Sabemos que los disturbios, los conflictos y la violencia venden muchos periódicos y generan muchos clics. Por eso, los comportamientos violentos minoritarios acaparan la atención de muchos medios de comunicación. Esta sobrevaloración de datos para conseguir clics en un momento que podríamos considerar una de las grandes crisis del periodismo influye de forma palpable en cómo leemos la realidad, puesto que los discursos sobre el clima político por parte de la sociedad dependen en gran medida de la información que se consume.

Otro dato que hay que tener en cuenta son las encuestas y estadísticas que se están publicando a la vez que escribo este ensayo. En mayo de 2025, el periodista de *The Economist* Owen Winter, especializado en datos políticos, presentó una gráfica basada en los resultados estadísticos del British Election

Council que demostraban que la mayoría de las personas encuestadas que pertenecían a la generación Z se posicionaban en el centroizquierda.[9] Esta lectura se parece a la que hacía el analista de datos Daniel V. Guisado a partir de la encuesta del mismo mes para *El País*. En su cuenta de X observaba cómo «entre julio y septiembre [de 2025], Vox retrocede en la generación Z (tanto hombres como mujeres). En cambio, gana apoyo entre los hombres *millennials*, ampliando la distancia con las mujeres de esa generación. También mejora entre los grupos de mayor edad, sin importar el sexo».[10] Estas tendencias contradicen las afirmaciones que culpan a los hombres más jóvenes del auge de la extrema derecha. Quizá lo que debamos aprender (y recordar) de las observaciones de Winter y Guisado es que las encuestas son fotos fijas de momentos concretos que no pueden conducir a afirmaciones categóricas y rápidas en busca de clics y visitas. Por no mencionar el efecto llamada que esta estigmatización de los hombres jóvenes provoca. En conclusión, deberíamos ser más cautos y cautas a la hora de repetir titulares más parecidos a eslóganes que informativos y sopesar cuál es el efecto que estos tienen sobre la población para evitar que las repeticiones acaben convirtiéndose en profecías autocumplidas.

Este ensayo comparte la idea de que los datos que tenemos no son suficientes para apoyar la mayoría de los reclamos que leemos en medios de comunicación: no estamos ante la generación más fascista y machista hasta la fecha (lejos de eso, es la más feminista y ecosocialista, y son las mujeres jóvenes las que nutren de votos a las fuerzas de izquierda), sino que existe un deseo por parte de determinadas fuerzas políticas de derecha y centro (si tal cosa existe) por convertir el feminismo en un adversario social. Una tendencia con tanta fuerza que, como veremos más adelante, es capaz de arrastrar también a determinados partidos del centroizquierda. No creo que el Hombre joven de ultraderecha sea mayoritario, pero ocupa muchos espacios que pueden llevar a su multiplicación, lo cual vuelve necesario comprender qué está sucediendo con este grupo reducido y por qué nos interesa tanto.

Sin embargo, la razón no es el único —ni el mejor— elemento de análisis para los fenómenos políticos. Lo que tenemos a continuación es un breve y más complejo estudio sobre por qué algunos hombres jóvenes aúpan a una extrema derecha decidida a volver a regímenes autoritarios.

2. Me quiero morir

Con estos jóvenes cabe hacer una de dos cosas: o fusilarlos o esforzarse en comprenderlos. Yo he optado resueltamente por esta segunda operación.

JOSÉ ORTEGA Y GASSET,
La deshumanización del arte

Una pregunta que cabría hacerse es a qué nos referimos con eso de los y las jóvenes. ¿Estamos hablando de una franja de edad por la que todo el mundo pasa o nos referimos en concreto a los y las jóvenes de ahora? En otras palabras, cuando hablamos del apoyo de la juventud a la extrema derecha, ¿estamos queriendo decir que a lo largo de la historia los y las jóvenes siguen esa tendencia política o que es una generación que ahora posee juventud la responsable de este auge? No es lo mismo decir «los y las jóvenes» como un sector poblacional que va cambiando (los y las jóvenes no son siempre los mismos) que hablar de *baby boomers*, *millennials* o generación Z.

La etiqueta sociodemográfica de «generación» trata de inscribir a un grupo poblacional mediante su edad para facilitar tareas de corte sociológico.

Sin embargo, esta etiqueta (como todas) corre el peligro de pasar por alto dimensiones sociopolíticas fundamentales de grupos heterogéneos. A mis treinta y tres años, comparto generación con la cantante Rosalía, así como con el futbolista Neymar, pero mi cotidianeidad viene marcada por fenómenos de clase que no caracterizan su día a día. Además, mi género y mi raza me separan de la experiencia de Neymar. En esta ardua tarea de compartimentar la sociedad para facilitar (que no mejorar) el análisis, se eliminan elementos centrales.

La noción de «generación» tiene diferentes definiciones y aplicaciones. En la actualidad, la tendencia más común es la de enmarcarlas temporalmente a través de la fecha de nacimiento, entendiendo que el sector poblacional seleccionado en cada caso comparte experiencias vitales que influyen en su comportamiento.

Lo que nos indican los estudios sobre cercanía ideológica y tendencia al voto es que los hombres jóvenes se muestran más próximos a la extrema derecha que otros grupos poblacionales más envejecidos. Algo que se contrapone con la tradicional teoría basada en la edad que afirma que la juventud es siempre más progresista e idealista por responder a estados vitales en los que la estabilidad económica es más baja. El refranero cuñado ya lo intentó explicar a través de aquel dicho que afirmaba que «si a los veinte años no eres de izquierdas no tienes corazón, si a los cuarenta años no eres de derechas no tienes cabeza». Esa premisa presuponía que el avance de la vida implicaba una mejora de nuestras condiciones materiales (ups, la cosa no está yendo precisamente por ahí para la mayoría) y que las condiciones materiales son en realidad la única fuente de nuestro posicionamiento político. Si los y las jóvenes han sido tradicionalmente progresistas, el foco debe estar en cuáles son las experiencias específicas de los y las de ahora (*millennials*, Z, etcétera) que han generado un cambio en esa concepción tradicional. ¿Qué les puede estar pasando a las nuevas generaciones?

¿Qué significa ser joven?

La horquilla de edad que delimita la juventud se ha visto modificada en muchas ocasiones a lo largo de los años. Hablar con personas que pertenecen a generaciones anteriores nos deja claro cómo la vida ha adquirido un ritmo más lento (o directamente otro camino) en lo que concierne a cumplir con el ciclo vital que venía impuesto por elementos como la política o la religión (dios, patria y familia). Antes, con veinte años las personas estaban casadas; ahora, a los treinta aún hacemos malabares compartiendo piso con desconocidas.

Las últimas modificaciones fiscales establecen que las ayudas a la juventud son para quienes ocupamos el sector de edad de menos de treinta y cinco años. Quedan atrás los tiempos en los que algunas bonificaciones (como los abonos de transporte público) se dirigían a menores de veintiséis. Valdría la pena preguntarse a qué responden estos cambios.

Hace unos años, impulsada por los diferentes ataques de políticos y grandes empresarios que señalaban la falta de eficiencia y compromiso de quienes somos jóvenes con los proyectos de vida, publiqué una columna titulada «¿Quién coño son los jóvenes?». La conclusión era clara: la juventud no responde tanto a un criterio basado en la edad como a la situación económica y laboral que se adscribe a esa etapa vital. Digámoslo sin rodeos: extender la horquilla de la juventud sirve para invisibilizar que lo que realmente se prolonga en el tiempo son las condiciones precarias.

De alguna manera, parece que se exige una primavera vital infinita, impuesta de maneras muy diferentes. Por ejemplo, la constante preocupación por no envejecer se impone a nivel estético (lo viejo es feo), y la actitud despreocupada del «no me importa» y del «déjate fluir» que se otorga a esta franja de edad se convierte en una postura política adulta de incorrección irreverente y deseable vinculada al capitalismo. En otras palabras, ser irreverente, macarrilla o canalla (como se repite en los nombres de varios negocios) es algo que parece hacernos jóvenes y antisistema. Esta es una corriente estética que el ilustrador Mauro Entrialgo señala como «malismo» y que bien merecería un exhaustivo análisis de género, puesto que está a todas luces marcada por actitudes tradicionalmente masculinas, aunque venga encabezada por algunas mujeres como Isabel Díaz Ayuso.[11]

En términos económicos, la juventud se impone de manera asfixiante desde el mercado laboral. Cuando no puedes acceder a ofertas de trabajo indefinidas, cuando la existencia profesional se resume en becas, prácticas no remuneradas u oficios con condiciones que no mejoran nunca porque han sido catalogados como trabajos de entrada al mercado o para estudiantes (algo claramente observable en la hostelería), tu estatus como trabajadora se garantiza siempre y cuando aceptes la juventud como modo de existencia laboral. El difícil acceso a contratos indefinidos ha sido ampliamente romantizado por sectores políticos de la derecha y las posiciones neoliberales a través de conceptos como aventura, flexibilidad, teletrabajo o vida nómada, pero la realidad es otra.

Quienes tienen la suerte de acceder a condiciones estables de empleo pueden entrar también en el sistema bancario de crédito que posibilita (con una buena suma de dinero por lo general heredado) la compra de una vivienda. Este «detalle», el acceso a la vivienda, es en la actualidad una de las grandes fracturas sociales. No es la generación. No. Es la crisis habitacional lo que rompe hoy en día la sociedad. Seguimos siendo jóvenes porque no nos dejan vivir como adultos, porque no contamos con unas condiciones materiales mínimas que permitan la construcción de un proyecto de futuro. ¿Cómo voy a pensar en maternidades si comparto piso con tres personas a las que apenas conozco? ¿Cómo puedo pensar en elegir una guardería si cada año nos mudamos de barrio ante la imposibilidad de habitar la misma zona de una ciudad de manera continua? Cosas de jóvenes son compartir piso o no encender la calefacción por los gastos que genera. Son cosas de jóvenes o, mejor dicho, cosas de pobres que han sido condenados a una infantilización y a un paternalismo en el que la clase tiene mucho más que decir que la edad.

La juventud también se impone a través de la dieta. La pasta con tomate (eliminamos el atún por el precio del aceite para conservas) se coloca de nuevo en la punta de una pirámide cada vez menos nutricional que no solo azota a jóvenes, sino a familias enteras. Recordemos que España está entre los países europeos con mayor tasa de pobreza infantil.[12] Pero la gente joven y las personas pobres tienen otra similitud, ¡aguantan lo que les eches!

Quizá deberíamos pensar que el término «juventud» cuando señalamos los veinte o incluso los treinta años no es más que un nuevo eufemismo para evitar hablar de pobreza. Algo que ya sucedió con el concepto de «precariedad». Introducir este vocablo parecía interesante en términos analíticos: nos ayudaba a diferenciar estatus socioeconómicos. Pero en un sistema económico, político y social que moldea el deseo como motor para su propia reproducción se buscó que lo precario pareciera natural, atractivo y, sobre todo, elegible. Ser joven (precario-pobre) se convierte así en una especie de actitud desenfadada ante la vida. Un déjate fluir manido y privilegiado. En ese escenario, la posibilidad de viajar de un lado a otro y vivir cerca de playas donde hacer rituales festivos vestidos de blanco se reserva a los vástagos de nuestros caseros y caseras. Solo ellos pueden ser jóvenes hasta que decidan sentar la cabeza en alguna de las propiedades inmobiliarias de sus papis. La juventud precaria infinita del *rider* o del camarero se mantiene a golpe de imposición.

Existe mucha producción cultural e intelectual sobre la imposición de la pobreza y sus consecuencias

32

en la vida de la generación *millennial*. Autores y autoras como Sergio C. Fanjul, Eudald Espluga, Violeta Serrano o Azahara Alonso han escrito sobre el momento que vivimos quienes colindamos o superamos esa barrera imaginaria (mucho más imaginaria de lo que pensamos) que se establece en los treinta y cinco. Pero no contamos con tantos relatos escritos para quienes nacen a partir de las décadas del 2000 y 2010. Personas cuya existencia solo conoce un periodo constante de crisis y precariedad. A mi generación, la *millennial*, le hicieron una promesa y luego la rompieron; a las generaciones Z, Alfa y Beta les han escupido en la cara que su presente es ya una mierda y su futuro puede tener lugar en unas condiciones desconocidas que seguirán al fin del mundo tal y como lo conocemos. Si a las personas adultas nos cuesta hacer frente a lo que sucede, ¿cómo se aborda la absoluta falta de perspectiva desde un periodo como la adolescencia (ese momento vital incómodo, de cambios corporales y psíquicos y de malestar que marca nuestra entrada a la juventud precaria)?

Como señalan Miquel Missé y Noemi Parra en su libro *Adolescentes en transición*, el mundo al que llegan quienes forman parte de las generaciones nacidas a partir de los 2000 es uno muy diferente del que habitamos las generaciones anteriores.[13] La promesa capitalista de que viviríamos mejor que nuestros padres se ha resquebrajado, el trabajo (debido a la precarización del mercado en términos de inestabilidad) ya no es un elemento identitario, la vivienda y el proyecto de emancipación habitacional atraviesan una crisis de la que parece muy difícil

33

salir, la pandemia rompió con los ciclos de socialización tradicional (es preciso aprender nuevas formas de socialización digital) y compartimos escenario con la amenaza constante de un colapso global y una crisis medioambiental. Estos son algunos de los condicionantes históricos propios de los nuevos y las nuevas jóvenes. Frente a esa singularísima complejidad del mundo, los análisis sobre los jóvenes agentes políticos no están a la altura. Estos se centran en los procesos de politización en espacios digitales de radicalización, obviando un estudio completo sobre cómo la coyuntura socioeconomicopolítica impacta sobre las vidas adolescentes.

Adolescencia

En 2025, la plataforma audiovisual Netflix estrenó una de esas producciones que, de vez en cuando, acaban auspiciando una conversación global. La serie *Adolescencia* llamó la atención por las decisiones técnicas cinematográficas, la calidad de las actuaciones y el tema escogido. En ella se narra la investigación de lo que parece ser el asesinato de una adolescente a manos de un compañero de instituto. La premisa es sencilla, pero no por ello resulta clara o explícita, puesto que el uso de un único plano secuencia en cada capítulo hace que la audiencia no tenga acceso a las tramas que acontecen lejos de las cámaras.

Lo que se pone sobre la mesa es el caso de un chico que parece haber sido cooptado por los discursos misóginos de la esfera incel, lo que desemboca en un acto de violencia brutal contra una compañera.* Y se pasa a elaborar una serie de indagaciones superficiales sobre cómo puede haber pasado. El uso de las redes sociales, el desconocimiento por parte de las familias de lo que ocurre verdaderamente en internet, la influencia de figuras digitales relevantes, el estrepitoso fallo de un sistema educativo criticado por la falta de herramientas disponibles y la ausencia de compromiso real por parte de los y las docentes son los elementos sobre los que se pone el foco de la responsabilidad. La serie, aunque intenta no dar nada por cerrado, se inserta en un paradigma discursivo del pánico que busca que nos veamos desarmados ante una amenaza que parece escapar a nuestras lógicas: internet como espacio de radicalización.

Un miedo absoluto se apoderó de muchas personas que, tras ver todos los capítulos, ingresaban (o se mantenían) en ese marco que afirma que no tener el control debe generarnos temor. Ante la incertidumbre, la imposibilidad de saber o la simple amenaza, la respuesta ha de ser siempre la imposición de un mayor grado de vigilancia. Esta estrategia lleva años instalándose, lo vimos en las políticas de seguridad tras el 11-S y lo vemos ahora con el tema que toca este ensayo.[14] Los titulares y lecturas sensacionalistas sobre el rechazo de los hombres jóvenes al feminismo o a las políticas progresistas generan un

---

* Un incel es un célibe involuntario que cree que su falta de relaciones sexuales responde a una injusticia y un acto egoísta de las mujeres por no fijarse en él. Este y otros discursos misóginos son analizados más adelante.

marco basado en el pánico, el miedo y el control sin aportar ningún tipo de propuesta de análisis sobre qué puede estar provocando este rechazo o de acción sobre cómo acompañar a estos jóvenes.

Que haya una aversión por parte de algunos hombres jóvenes a algunos elementos de la agenda feminista o que estos se aproximen a postulados y partidos de extrema derecha es algo que ha de preocuparnos y que hemos de analizar. Pero estos datos no deben eclipsar todo lo referido a estas nuevas generaciones: hay otras formas de pensar, otros modos de percibir la realidad y otros fenómenos que también caracterizan a los y las jóvenes. Las nuevas generaciones de adolescentes también tienen mayores tasas de aceptación de cuestiones relacionadas con el colectivo LGTBIQA+, poseen una mayor conciencia ecosocial y se muestran más abiertas en asuntos sociales que sus predecesoras. Esto convierte en una lectura interesada el manido titular que reza que nos encontramos ante la generación más fascista y machista de la historia. Si un 20 por ciento de los chavales dicen que la violencia de género es un invento ideológico, estaría bien que además se hablara en los medios del otro 80 por ciento, que igualmente tuvieran sus titulares o que también pudiéramos preguntar a esos chavales cuántos de ellos piensan que el binarismo de género es por sí mismo un invento ideológico.[15]

Volviendo a *Adolescencia,* la producción sí expone de manera clara una problemática a la que quienes trabajamos con adolescentes y sus familias hacemos frente de manera cotidiana: existe una brecha comunicativa y de comprensión generacional

36

entre los y las adolescentes y sus tutores legales. Cuando trabajaba en servicios comunitarios, si abordábamos temas como la violencia sexual, el porno o las transiciones de género, siempre quedaba clara una cosa: la incomprensión por parte de las familias de aquello que les sucedía a los y las adolescentes. Pero esta incomprensión no tiene que ver únicamente con una brecha generacional entre personas que nacieron antes de la aparición de internet y nativos digitales (de hecho, son muchas veces nuestras madres o nuestros padres quienes están más pegados al móvil), sino con la capacidad que tenemos los y las adultas de negar la adolescencia como uno de los periodos más duros de la vida.

Me quiero morir

Sin duda «me quiero morir» es una de las frases que inundan la etapa de la adolescencia. En una cultura del meme en la que hemos banalizado los malestares psíquicos a través del humor para poder convivir con ellos (es decir, para poder trabajar), pensar en esa frase nos puede llevar a algún meme e incluso hacernos reír. Sin embargo, el incremento de los suicidios en la etapa de la infancia y la juventud (hasta los veintinueve años) los ha situado como primera causa de muerte no accidental en este sector poblacional en el Estado español.[16] Este querer morirse es, en demasiadas ocasiones, tildado de exageración, como la muestra de un dramatismo e histrionismo propio de jóvenes y adolescentes demasiado centrados en sí mismos, débiles, pero, sobre todo, peores que aquellos que los precedieron en la etapa de la adolescencia. Quienes hemos trabajado y trabajamos con este sector sabemos que sus preocupaciones suelen ser consideradas poco importantes o irrelevantes: no tienen problemas de verdad.

Este juicio, esta infravaloración del estado anímico o de las preocupaciones propias de la adolescencia, responde a un claro sesgo nacido de la diferencia de edad. Al igual que existe el racismo o el sexismo, debemos tener en cuenta el edadismo, un sistema de opresión basado en la edad que por encima de la existencia anciana y la infanto-juvenil sitúa la de los adultos. El edadismo o adultocentrismo pone al adulto en la cúspide de una jerarquía etaria donde niños, jóvenes y viejos ocupan posiciones de sumisión y olvido. Pongamos como ejemplo la crisis del COVID-19, en la que se tomaron decisiones que afectaron a todo el mundo, pero sin tener en cuenta todas las realidades de la misma manera. Las necesidades de socialización y actividad al aire libre de los menores de edad no se consideraron relevantes. El impacto de un encierro en el proceso de aprendizaje y maduración de los menores es crucial. Sin embargo, no se entendió que fuera clave que los niños y las niñas pudieran salir de casa al menos un rato al día, mientras que sí podían hacerlo los animales de compañía o el fumador empedernido, con reiteradas visitas al estanco. El sesgo actúa también con personas mayores o ancianas, relegadas al olvido institucional.

El edadismo y el adultocentrismo explican la infravaloración de los procesos anímicos, afectivos y psicológicos de la gente joven. Las responsabilidades del adulto son las únicas importantes, porque es este quien ha de hacer frente a las obligaciones de la vida real: el alquiler o la hipoteca, la búsqueda y el mantenimiento del trabajo, las relaciones amorosas y un largo etcétera de obligaciones impuestas. En el caso de la adolescencia, se entiende que sus obligaciones vitales pasan por estudiar y tener amistades. Son directrices banales y mundanas, irrelevantes para la vida real (es decir, la adulta).* ¿Qué es lo que sucede cuando somos incapaces de hacer frente a las obligaciones que la vida nos impone? Sabemos que la mayoría de los malestares (mal llamados en muchas ocasiones enfermedades mentales) tienen orígenes políticos y económicos. Lidiar con situaciones de explotación y acoso laboral, no tener una vivienda, no llegar a fin de mes o encontrarse en relaciones abusivas son algunos de los catalizadores de esos malestares. En el caso de la infancia y la adolescencia, no es diferente. El acoso escolar, los problemas en la socialización, el impacto de las redes sociales, las violencias en el ámbito familiar o la falta de perspectiva de futuro son también el origen de muchos de los malestares que soportan los jóvenes. Estas situaciones, además, ocurren en unos cuerpo-mentes llenos de cambios, desconocidos todavía para muchos de ellos y sin experiencias previas ni aprendizajes para atravesar todas estas emociones. La falta de validación de la experiencia adolescente tiene muchas consecuencias.

* Una imagen cada vez más alejada de la realidad española, puesto que España es el país de la UE con mayor tasa de pobreza infantil, con un 28 por ciento de niños y niñas en situación de pobreza. La imagen idealizada de la infancia y la juventud se resquebraja por momentos.

39

Un malestar generalizado

La ausencia de respuesta ante la angustia y las necesidades afectivas por parte de los círculos sociales y familiares que muchas y muchos adolescentes viven puede generar que acudan a otros espacios (a menudo regulados por algoritmos con claros intereses comerciales y políticos) para solucionar sus dudas, aprender o intentar buscar a otras personas con las que sentirse identificadas.

La socialización de quienes nacieron a partir de 2010 ha tenido lugar en otras esferas y con otros tiempos, y estos se parecen más al tiempo de las máquinas que al de los humanos. La hiperexposición propia de las redes sociales y la presión estética son dos de los elementos clave. Si hasta entonces la adolescencia y la niñez habían sido caracterizadas por la posibilidad de cometer errores y de disfrutar sin preocupaciones, ahora la huella digital, los filtros de belleza y la absoluta preocupación estética por no envejecer que tienen los y las adultas han hecho más difícil la posibilidad de olvidar los errores de esta etapa, así como lidiar con los cambios físicos de la pubertad, entre los que cabe destacar el acné y otras profecías dérmicas de la adolescencia que suponen graves casos de falta de autoestima.

El mundo que habitan en un momento de supuesta despreocupación de su vida está marcado por el genocidio en Palestina, las pandemias, los desastres naturales y un desgarrador futuro climático. Del «no hay futuro, no hay esperanza» de Eskorbuto al «la calle está mala, necesita medicación» de Yung Beef. El trapero narra también la hipermedicación y el hiperdiagnóstico al que hacen frente estas generaciones en medio de una sociedad completamente imbuida de individualismo. En pocas palabras, aquellas personas a las que ahora llamamos jóvenes están haciendo frente a un presente doloroso con una expectativa nula, inexistente, sobre su futuro. Todo esto impacta directamente en eso que llamamos salud mental.

¿Qué tipo de acompañamiento están haciendo los adultos a estos y estas jóvenes en un ya no futuro, sino presente incierto y doloroso? Si durante el COVID-19 encontrábamos culpabilización, estigmatización y titulares que los responsabilizaban del contagio, ahora se los culpabiliza del contagio del fascismo. Los chicos jóvenes se encuentran además con una especie de condena ontológica, una profecía autocumplida basada en la idea de masculinidad. Parece que muchos de ellos perciben que hay dos marcos discursivos clave. Por un lado, están los discursos en los que se los posiciona como sujetos potencialmente violadores, fascistas, y, por otro, aquellos en los que la masculinidad solo puede construirse en torno a ser tu propio jefe. Hay dos caminos esenciales para dibujarse como Hombre, el que lo presenta como una víctima de un sistema violento y en el que solo pueden elegir entre la autocompasión o la flagelación (pobrecito, solo me entienden otros hombres o soy víctima de mi propia condición, merezco lo peor) y el que lo anima a convertirse en un lobo de Wall Street dispuesto a acabar con todo con tal de producir dinero (atesorado por *bros* de todo tipo y catalizado por *coaches* y mentores). Si desde las derechas y el neoliberalismo el campo de las masculinidades se ha convertido en un espacio de capitalización y mercantilización donde la identidad Hombre puede forjarse a través de cursos que cuestan miles de euros, desde las izquierdas se ha transformado en un tema academizado y poco aterrizado en los activismos y en el contacto con los chicos jóvenes.*

El famoso economista Gary Stevenson hacía referencia a la posición de los hombres jóvenes en lo que podríamos denominar la guerra por la captación del voto. Stevenson nos da una pista sobre por qué deberíamos interesarnos por aquellas personas que votan a la extrema derecha. Muchas de las personas que hoy son infelices desean un cambio, y lo ven posible a través de la extrema derecha, que, como señala Stevenson, «no va a mejorar la vida de nadie. Estamos jodidos porque van a votar a quien va a empeorar su vida y eso hay que cambiarlo ya. La izquierda debe dejar de hablar de votantes de Trump y empezar a escuchar a los votantes de Trump». Este lugar incómodo de la escucha nos sitúa frente a hombres jóvenes con quienes, según Stevenson, existe un problema claro: «En ciertos espacios de la izquierda sienten que no son bienvenidos. Me ha pasado a mí. [...] Y esto viene de que la izquierda tiene un problema en cómo concibe a los hombres jóvenes».[17] Es un pez que se muerde la cola, una profecía autocumplida, no queremos que estén en nuestros espacios porque son potencialmente

---

* Existen pocas pero muy valiosas propuestas diferentes para trabajar con jóvenes, como la plataforma Broders.

fascistas, son fascistas (en parte) por no encontrar espacios en las izquierdas, mientras que los partidos de extrema derecha, los *manfluencers* y demás gurús masculinos los reciben con los brazos abiertos para validar su malestar y ofrecerles el diagnóstico de su situación: estás peor por culpa de (inserte aquí el colectivo a usar como enemigo).

Es normal que esa pregunta que todos y todas nos hacemos durante la adolescencia (y la no-tan-adolescencia) sobre quiénes podemos ser en el mundo ocupe cada vez un espacio más central en un tiempo en el que las identidades son, cada vez más, pautas de consumo.

3. Uno, glande y libre

Estoy al borde de vivir en la calle, pero menos mal que esta chica trans de dieciocho años no puede competir en el equipo de su instituto. Gracias a Dios.

Samantha Hudson,
«Por qué ladran woke, woke, woke», *Carne cruda*

Queremos saber quiénes somos porque necesitamos ubicarnos en el mundo. Por eso solemos describirnos desde un enfoque identitario. Ya sea a través de nuestro género, nuestra profesión, nuestro diagnóstico o nuestra nacionalidad: el objetivo es situarnos con respecto al resto. Como señalan diferentes expertas, una de las inseguridades sobre las que se construye la machosfera es que el mundo se ha convertido en un espacio desordenado e incomprensible para la mayoría de los hombres. Este desorden percibido es precisamente lo que permite a este espacio desarrollar diferentes identidades capitalizables vinculadas a la idea del Hombre que se propagan por internet al ofrecerse como subjetividades dentro de una teoría que da orden al mundo.

Según el sociólogo Anthony Giddens, la seguridad ontológica puede ser definida como la «certeza o confianza en que los mundos natural y social son tales como parecen ser, incluidos los parámetros existenciales básicos del propio ser y de la identidad social».[18] En el Norte Global, uno de los elementos esenciales para ordenar la sociedad es precisamente el binarismo de género y los arquetipos que conlleva. La división sexual del trabajo es un claro ejemplo de ello: la mujer ama de casa/madre y el hombre que lleva el pan a la mesa son dos identidades que organizan económica y genéricamente el mundo.* Hace ya un tiempo que estas convenciones sociales impuestas en torno al género vienen siendo cuestionadas. Por un lado, los feminismos interseccionales, la teoría queer y la decolonial han puesto en duda que estas convenciones sean naturales, dejando desamparadas las ideas de que solo existen dos géneros o de que el sexo es realmente binario, como demuestran los estudios académicos sobre intersexualidad. Por otro, los arquetipos de género se encuentran en un momento de crisis debido a que, como veremos más adelante, el propio capitalismo juega con ellos en función del rédito económico que pueda obtener.

Los tradicionales acuerdos sociales sobre el género como algo estanco, binario y predeterminado por el cuerpo han estallado por los aires al demos-

---

* Son arquetipos poco realistas, y quizá merezca la pena referirnos a ellos como animales mitológicos del capitalismo. Como ya han demostrado diferentes académicas, las mujeres llevan siglos trabajando fuera de casa.

trarse que no son más que eso, convenciones sociales sin ningún tipo de base científica.[19] La destrucción de la idea tradicional de género supone así la destitución de uno de esos parámetros básicos existenciales sobre los que se había levantado la «civilización» occidental y es percibida por determinados sectores políticos, económicos y sociales (por ejemplo, los partidos políticos de ultraderecha) como la aniquilación de una cultura, de un modo de existencia y, por lo tanto, de un necesario orden social que venía a organizar nuestras comunidades. Esta es la razón por la que tanto los feminismos como la teoría queer se ven constantemente atacados por sectores políticos que defienden un orden social concebido como necesario.

Los mismos discursos que definen el mundo actual como caótico también señalan la posmodernidad como culpable. Se refieren a ella como una época que se ha de rechazar, un momento histórico que no permite verdades, que duda de todo, introduciendo así un relativismo radical incapaz de garantizar una realidad estable sobre la que movernos. Sin embargo, se equivocan en su análisis.

La posmodernidad

En el clásico ensayo *La condición postmoderna*, el filósofo Jean-François Lyotard define la posmodernidad como la condición del saber en una cultura que ha sido transformada tras los grandes cambios en la ciencia, la literatura y las artes a partir del siglo XIX.[20] Es importante enfatizar que la posmodernidad no es tanto un estadio de la historia, entendida esta de manera cronológica, como una perspectiva sobre cómo se produce el conocimiento o el saber. Lo posmoderno es el ejercicio de deconstrucción y genealogía que nos permite estudiar quiénes acordaron originalmente las convenciones sociales para realizar un análisis crítico de estas y pensar en formas más igualitarias e inclusivas de convivir y relacionarnos con las demás. Sin embargo, la tendencia actual de los sectores conservadores es rechazar cualquier posicionamiento que cuestione el orden o la jerarquía.

La posmodernidad hace estallar la seguridad ontológica basada en el género binario que ha gobernado las sociedades del Norte Global. Los feminismos interseccionales y la teoría queer llevan décadas luchando contra la categoría política «Mujer», que buscaba generar una identificación con un arquetipo basado en la heterosexualidad, los cuidados y lo tradicionalmente vinculado con lo femenino (belleza, debilidad, servidumbre, etc.).*21 Dejar de hablar de la Mujer para hablar sobre mujeres y disidencias partiendo de que no existe un modelo genérico (de género) al que ajustarnos ha socavado las políticas de identidad.

No se trata aquí de situarnos como antiidentitarios y defender que las políticas de la identidad no han supuesto avances para movimientos como

---

* Algo que debemos integrar más en nuestros discursos es que, al igual que la Mujer es un arquetipo con intereses económicos y políticos, también lo es el Hombre. Hablar de los hombres desde esta singularidad violenta, patriarcal e impuesta es igual de peligroso que hablar en singular de las feminidades.

el antirracista o el feminista, sino de reconocer que en un sistema capitalista como en el que vivimos cualquier identidad puede ser capturada como a) pauta de consumo y b) identidad estanca que nos sitúe como enemigo del otro.[22] En este sentido, lo postidentitario trata de superar la identidad, no de negarla. El feminismo transexcluyente ejemplifica muy bien el peligro de convertir categorías políticas en identidades. Al convertir en un Yo la categoría política Mujer (con más variedad que la anterior clasificación, pero desde las mismas coordenadas), este movimiento excluye violentamente, negando la existencia de aquello que va más allá de las categorías políticas de Hombre y Mujer (cisgénero ambas).* Las TERF se unen con la extrema derecha en una búsqueda imparable de seguridad ontológica a través del género. Por eso es cada vez más habitual ver a figuras de ambos sectores ideológicos unirse contra lo queer y lo trans, al considerarlos la verdadera amenaza a las ideas de Hombre y Mujer. Valga una estadística como ejemplo: a principios de 2024, la Federación Estatal de Lesbianas, Gais, Trans, Bisexuales, Intersexuales y más (FELGTBI+) publicó un estudio en el que se observaba que «los dos grandes grupos que conforman la comunidad que vertió mensajes en contra del Orgullo durante las fechas estudiadas son dos comunidades que identifica como "feministas transexcluyentes", el grupo detractor más grande y que supone el 53 por ciento de los usuarios, y la

---

* Es decir, como sujeto cisgénero en el que el género coincide con el sexo asignado al nacer.

extrema derecha, que supone un 47 por ciento de los usuarios».[23]

Esta pulsión identitaria por parte de estos movimientos puede parecer algo contradictoria si pensamos en la cruzada que ambos poseen contra eso que llaman *woke*, pues lo *woke*, en cuanto aquello que ha sido tachado de ultraidentitario, también aportaría una seguridad ontológica mayor. La contradicción es fácil de deshacer: no vale con cualquier garantía para nuestra existencia, es necesaria una que permita reproducir una jerarquía social en la que esta pueda seguir ocupando un espacio privilegiado. Lo *woke* como movimiento identitario sigue desafiando entonces la seguridad ontológica al permitir que se pongan en duda las jerarquías racistas, capacitistas o edadistas que sostienen y reproducen sistemas de opresión.

Un mundo de incertidumbre

Parece que la inseguridad ontológica a la que hacemos frente podría venir de la caída del género como una de las coordenadas clave para construirnos como sujetos. Sin embargo, lo que realmente sucede es que vivimos un tiempo histórico caracterizado por una incertidumbre global que se materializa en crisis habitacionales, migratorias y climáticas, amenazas nucleares, genocidios televisados y múltiples recesiones económicas que se suceden unas a otras. Estas catástrofes golpean a la clase trabajadora, pero a nivel generacional en el Norte Global encontramos a todas esas personas nacidas a partir de la década del 2000 como el primer grupo poblacional que no ha conocido nada más que la debacle de lo que nos habían vendido como el mejor momento de la historia con el mejor sistema económico posible (una experiencia de falta de esperanza o de posibilidad que lleva siglos marcando la existencia de muchas poblaciones en el Sur Global). En otras palabras, la inseguridad ontológica procede de una inseguridad global que imposibilita en muchos casos imaginar nuestro futuro, generar proyectos de vida o tener expectativas que puedan verse cumplidas. No tiene nada que ver con el género. De hecho, podríamos explorar este último de un modo más seguro y cómodo si nuestras condiciones económicas no dependieran de la manera en la que performamos ser Hombre o Mujer.

El devenir catastrófico del capitalismo ha abierto la veda para que cuestionemos instituciones como la familia, el género o la heterosexualidad. Es decir, se ha puesto la lupa sobre las instituciones que apuntalan un sistema que prometía riqueza y felicidad absolutas y que no ha cumplido con su promesa. Esta crítica, necesaria para deshacernos de estructuras opresivas de explotación y dolor, ha conseguido que podamos imaginar más allá de los límites impuestos. Las transiciones y los tránsitos de género, las nuevas formas de imaginar la familia, la pluralidad de orientaciones sexuales y románticas son prueba de ello. Sin embargo, mucha gente no percibe como positiva esta plasticidad del horizonte.

Ante esta dislocación de las placas tectónicas del género, las mujeres y disidencias sí que han encontrado en el feminismo, las teorías queer y la comunidad LGTBIQA+ un lugar desde el que hacer frente a la desorientación que trae la crítica de sistemas como el género (todos estos movimientos permiten identidades liberadoras, rompiendo con lo que se entendía como Mujer).

No obstante, los hombres parecen no haber sido capaces de habilitar un espacio desde el que trabajar y construir identidades liberadoras que les permitan navegar la crisis de las instituciones sociales desde una posición menos dolorosa y ofrecer así una alternativa inclusiva a los hombres jóvenes. La situación es complicada para una parte importante de ellos, «a la vez que se han producido fuertes críticas a los modelos masculinos tradicionales, muchos chicos adolescentes carecen de referentes positivos con los que identificarse o que establezcan nuevos códigos sobre cómo relacionarse con las chicas y eso les desorienta».[24] Esta descripción es válida más allá de la edad o de la orientación sexual, es decir, no afecta únicamente a hombres jóvenes: hay un claro déficit de modelos de masculinidad liberadora y emancipatoria frente a una oferta ilimitada de modelos de masculinidad que buscan encontrar, de nuevo, el espacio del sujeto ganador del sistema de explotación que llamamos capitalismo o que tratan de regresar a versiones tradicionales en las que el rol no necesita adaptarse. Más claro: necesitamos modelos de masculinidades desde la izquierda, modelos emancipatorios y responsables pero también deseables.

En otras palabras, hay quienes sufren en el modelo patriarcal heterosexual y también quienes padecen por su desaparición. La caída de los sistemas

52

que ordenan nuestra vida (sean opresivos o liberadores) supone la aparición de la incertidumbre, que genera malestar y ante la que puede haber diferentes respuestas. Como narran Missé y Parra en su libro *Adolescentes en transición*, el cuestionamiento de estructuras como el género binario o la heterosexualidad permite que muchas y muchos adolescentes naveguen la incertidumbre de la vida a través de la exploración del género o de la sexualidad (en otras épocas, la búsqueda de soluciones y la huida del malestar se ha hecho a través de, por ejemplo, las drogas).[25] Sin embargo, no todas las personas hacen frente al cuestionamiento de las instituciones sociales de la misma manera. Hay quienes abrazan la aparición de nuevas posibilidades y quienes la rechazan. Los primeros ven en la caída de estos sistemas (junto con otros) una oportunidad liberadora, mientras que los segundos buscan desesperadamente volver a los sistemas cuestionados.

Yo soy yo

En el caso de los modelos que dan forma a las masculinidades hegemónicas, la respuesta a la fluidez de lo queer o de la posmodernidad ha sido bastante clara. El hombre, como la España de Franco, es uno, glande y libre.

Si la situación actual se percibe como un campo de ofensas y ataques contra los hombres (ya sea por la impresión de que las recesiones económicas y las crisis les afectan más tras la entrada de nuevos sujetos políticos en el capitalismo, por la percepción de que «el feminismo ha ido demasiado lejos con esto de lo *woke*» o por la propia naturaleza posmoderna del saber y el ser), ellos hablan de una crisis de la masculinidad. El Hombre está en una situación de peligro. Podríamos decir que, para muchos, esta es realmente una manera de señalar que el Hombre se encuentra en peligro de extinción, una hipótesis alineada con las teorías del gran reemplazo que manejan desde la extrema derecha.

Tomando la teoría de Giddens, la inseguridad ontológica es uno de los elementos que permiten la consolidación de discursos sobre masculinidades fuertes que abogan por volver a sociedades y culturas previas en las que el Hombre ocupaba un lugar que no debería haber perdido. En este sentido, los discursos masculinistas promovidos desde las derechas buscan reforzar un yo fuerte y masculino capaz de hacer frente a una realidad cambiante y descontrolada que les genera angustia. Este movimiento hacia una seguridad ontológica no es el primero en la historia del pensamiento del Norte Global. Como señala Susan Bordo, el nacimiento del sujeto cartesiano como sujeto del saber y de la acción fue la respuesta que Descartes articuló cuando se enfrentó a un mundo que entendía como descontrolado y desordenado.[26]

Sin embargo, este nuevo giro hacia una seguridad ontológica tiene una característica que no encontramos de manera tan marcada en la aparición del sujeto cartesiano. Si hay algo que singulariza las nuevas búsquedas masculinas de garantía del ser es precisamente su dimensión identitaria. La diversidad de masculinidades, la posibilidad de ser hombres femeninos, hombres no heterosexuales, hombres que salen de los arquetipos de género son comprendidas como amenazas a un modelo que debe ser mantenerse para la supervivencia de la civilización. Resulta fundamental devolvernos a la esencia del Hombre para recuperar el orden de las cosas. El Hombre como categoría política es entendido como una identidad natural que, paradójicamente, debe trabajarse de manera incansable.

4. *Make men great again*

Los hombres no se hacían hombres, se instruían en la masculinidad, e incluso entre los más buenos, pobre del que fallase en la práctica de la misma.

ALANA PORTERO,
La mala costumbre

Europa, junto con otras sociedades del Norte Global, se encuentra en un momento de recesión y crisis económica que resulta palpable para la mayoría de la población. Fenómenos como la inflación limitan nuestro acceso a bienes de consumo básico como la comida, los productos de higiene o la energía. A su vez, una nueva crisis de vivienda amenaza con agravarse debido a una burbuja a punto de explotar fruto de la especulación inmobiliaria internacional, y la sombra se vuelve a cernir sobre nuestra vida. Es en esta situación económica global en la que se erige una de las principales teorías que se emplean para explicar el voto masculino a la extrema derecha: hombres blancos de clase obrera se *perciben* como los perdedores de la modernización y temen el deterioro de estatus social.[27] Siendo esta una de las explicaciones centrales que más atención captan por parte de los académicos, merece la pena que la revisemos desde un paradigma más amplio.

Nos quitan el trabajo

En momentos de crisis económicas, hay quienes no tardan en señalar directamente a un sector poblacional como culpable del empeoramiento en que nos encontramos. «Nos quitan el trabajo», «reciben paguitas», «colapsan los servicios públicos» son algunas de las sentencias de corte xenófobo que inundan nuestras cafeterías, televisiones, radios y parlamentos desde el mismo momento en que el pastel por repartir se vuelve más pequeño. La idea es clara: yo no tengo porque otro me lo ha quitado. Pero no otro cualquiera, sino un otro recién llegado.

Estas explicaciones aparecen en espacios informales, pero también en foros políticos y mediáticos sin ningún tipo de miramiento. A su vez, las crisis del capitalismo parecen no tener una interpretación clara, una razón de ser, pero se dan cada vez de manera más repetida (las personas nacidas después del año 2000 solo han experimentado situaciones de incertidumbre y desastre económico). Los bucles de boom financiero seguidos de depresiones son propios del capitalismo, lo que da lugar a un sistema esquizofrénico que tiene consecuencias sobre nuestra salud, como apunta la filósofa Rosi Braidotti.[28]

En 1810, William Huskisson señaló que las expansiones económicas terminan en especulaciones financieras excesivas, lo que acaba por volverse

58

insostenible y genera angustia y ruina generalizada. El estadista británico enfatizaba que estas crisis no venían dadas por elementos exógenos al mercado (como podían ser las catástrofes naturales), sino que eran producto de la acción humana y endémicas a un sistema económico basado en la producción y las finanzas. Economistas liberales como John Stuart Mill se dieron cuenta de los mismos ciclos y recalcaban su condición positiva debido a que las crisis preparaban el terreno para la recuperación y un nuevo boom.[29]

Podemos decir entonces que el capitalismo tiene una clara dinámica de expansión y contracción que responde a los momentos de explosión y depresión económica. El boom genera un aumento de recursos financieros que permite emplear más sectores poblacionales para que estos puedan convertirse en consumidores, mientras que los momentos de recesión implican una contracción de los marcos de la economía capitalista que supone, necesariamente, la expulsión de determinados sectores poblacionales o sujetos de esta. El momento actual es de crisis, de contracción, con un acceso muy limitado a servicios vitales. Además, los hombres la están percibiendo como una crisis que les afecta especialmente a ellos. Sienten que son los expulsados en lo que podríamos señalar como una contracción del marco de la economía capitalista. Pero ¿es verdad?

Cuando tratamos de explicar el comportamiento de alguien, solemos hacerlo desde una perspectiva racionalista, que señala si sus acciones tienen algún sentido dentro del paradigma que manejamos, y, a partir de ahí, procedemos a entender (o no) el comportamiento. En el caso que nos concierne ahora, lo primero que merece la pena comentar es que estamos refiriéndonos a percepciones y que estas no siempre responden a la realidad. La forma en que percibimos una situación no tiene por qué estar alineada con lo que de verdad sucede, porque nuestra relación con ella no responde únicamente a una lectura racional de lo que está sucediendo. Como sabemos, ni todo comportamiento es racional ni toda razón es real. De hecho, muchas de nuestras percepciones están más atravesadas por nuestras emociones y por los discursos que puedan modularlas que por datos «objetivos».[30] En el caso de las crisis económicas, los afectos que más se manipulan desde los sectores políticos de la extrema derecha tienen que ver precisamente con la ira, el resentimiento y el miedo. Los afectos negativos que permiten generar una relación de antagonismo y competición entre varios sectores poblacionales son muy útiles en un sistema económico como el capitalismo, que se niega a reconocer que las crisis le son inherentes por tratarse de un sistema incompatible con la vida y la igualdad.

Los partidos neoliberales y de derechas justifican el capitalismo al no reconocer su falla central y lo dotan de enemigos que han de ser aniquilados. Estas fuerzas políticas se esfuerzan por promover la idea de que el problema no reside en la explotación laboral o la precariedad inherentes a un sistema económico basado en la desigualdad, sino en los nuevos sujetos que aparecen en forma de mano de obra que nos hace la competencia (ya sean estos movimientos como el feminista o colectivos como las personas migrantes). Aquello en lo que centramos nuestra atención no son las condiciones de explotación de la plusvalía, sino la idea de que «nos quitan el trabajo». Poner las emociones en el centro del análisis nos permite observar cómo los discursos políticos condicionan nuestra percepción. Por eso es tan importante que nos paremos a hacer una lectura detenida de los discursos de estos Hombres que se victimizan. Que su percepción no sea real no es algo que deba frenar nuestro estudio y comprensión. Actúan con base en ella, y eso es lo que nos interesa. No vale con decir: «Dejad de haceros las víctimas». No. Debemos considerar el fenómeno para saber qué es lo que subyace y acabar con ello.

La culpa de todo la tiene el capitalismo

En las anteriores expansiones capitalistas se introdujeron nuevos sectores poblacionales, no solo como sujetos del sistema productivo, sino también del de consumo. La diversidad simplemente permitía ampliar un nicho de mercado a través del que generar nuevos beneficios.

La comercialización de camisetas con eslóganes feministas fabricadas por mano de obra esclava en países donde se violan los derechos laborales y se mantiene el trabajo infantil, las camisetas del Che o de los Sex Pistols que se despachan en cadenas de ropa con denuncias por maltrato laboral o las tazas con banderas LGTBIQA+ vendidas en plataformas que no tienen ningún interés por las luchas interseccionales son prueba de cómo los periodos de expansión capitalista permiten la entrada del sujeto siempre y cuando puedan exprimirlo para hacer juguito de dinero. Esto es lo que Judith Butler denominó la reproductibilidad de los marcos.[31] Los marcos se contraen y se expanden para mantener los sistemas que albergan, pero no de manera altruista.

Así, las últimas expansiones capitalistas han invitado a la fiesta a sujetos que nunca habían sido contemplados por el sistema económico, todo sea por generar nuevos mercados y beneficios. Esto no solo sucede en contextos económicos; de hecho, la introducción del matrimonio igualitario ha de ser celebrada porque permite el acceso a derechos básicos a parejas no heterosexuales, pero su aprobación también supuso que otras formas de relación no heterosexual tuvieran que adherirse al modelo heterosexual del contrato matrimonial.[32]

Los hombres blancos de clase trabajadora argumentan que están sufriendo de manera más cruda los efectos de lo que ya podemos denominar un momento de contracción económica. En una mesa redonda sobre vida y precariedad titulada *Una vida propia*, Pastora Filigrana dio una clave para explicar lo que está sucediendo: la actual crisis de vivienda no está trayendo nuevos problemas (obstáculos documentales para el alquiler, entrevistas, alquileres inalcanzables, trabas para acceder al sistema bancario de hipotecas y préstamos y pagos para visitar pisos), sino que son problemas preexistentes que golpean, por primera vez, a sectores poblacionales que no se habían visto afectados hasta ahora por estas dinámicas propias del capitalismo. Es decir, por primera vez, la crisis de alquiler de vivienda afecta a universitarios, asalariados y gente blanca.

Aquellas personas que siempre habían tenido acceso al alquiler de vivienda, de pronto, ya no lo tienen. Pero esta problemática ya llevaba años instalada en otros sectores poblacionales (madres solteras, migrantes, gente racializada, etc.).

Esto es lo que sucede con la percepción de los hombres. Por primera vez, el hombre blanco con trabajo se siente expulsado de un sistema económico que había sido construido tomándolo a él como modelo. Si a principios del siglo xx el capitalismo había necesitado sustentarse en una estructura económica que tuviese al hombre como proveedor, procreador y protector y a la mujer como ama de casa encargada del trabajo reproductivo no pagado,[33] en posteriores etapas esa estructura dejó de ser la única. Es decir, las mujeres siguieron cargando sobre sus espaldas con el trabajo reproductivo no asalariado, aunque también se integrasen «de manera oficial» en el sistema de trabajo asalariado. En la actualidad, estos cambios, junto con la emergencia de nuevos agentes económicos, se están leyendo de manera interesada como la aparición de un vacío del modelo económico de la identidad masculina. Lo diré muy claro: el diagnóstico que desarrollan estos hombres no es el adecuado porque no es fiel a la realidad.*

Como señalan algunos estudios, los hombres perciben que la igualdad se consigue a costa de la

---

* Me parece relevante recalcar aquí que no estoy hablando de hombres jóvenes, sino de hombres adultos. Quienes realizan los diagnósticos sobre la situación histórica, social, política y económica son hombres adultos; los marcos discursivos de análisis son fruto de la acción de los adultos. Los chavales se adhieren a estos discursos.

pérdida de sus derechos.[34] Es importante recalcar aquí la idea de los derechos y de cómo estos no son percibidos como privilegios, a pesar de que todos sabemos que, si un derecho no es universal, es en realidad un privilegio. La falta de acceso real a la educación superior que ha caracterizado las vidas académicas de la población no blanca, las mujeres y las disidencias convierte un derecho formal en un privilegio. Dictar una legislación igualitaria que no tiene efectos reales es reproducir una lógica de privilegio. Una vez se establecen los mecanismos para que un derecho sea tal, este proceso igualitario es percibido por quienes lo ostentaban en exclusiva como una pérdida de derechos. En la actual contracción económica nos encontramos con una serie de sujetos tradicionalmente oprimidos que ocupan posiciones no reservadas históricamente para ellos (trabajo asalariado, puestos universitarios, es decir, espacios mínimos). Estos sujetos pueden mantenerse en su lugar, capeando el temporal, mientras son expulsados de los marcos económicos otros perfiles que venían ocupando ese sitio (algunos hombres, personas blancas, etc.). Es decir, no son las mujeres con títulos universitarios las que le quitan el trabajo al Hombre, la cuestión es que la figura del Hombre como ojito derecho del capitalismo se ha vuelto más estrecha y ha sacado a muchos de los espacios de poder que entendían como propios (en otras palabras, *not all men* tienen hueco ya).

Ojo, todo esto no implica que haya una igualdad mayor: los datos siguen poniendo sobre la mesa la realidad de una brecha de género y racial en cuestiones relacionadas con el salario o las posiciones

64

de poder. De hecho, sabemos que esta expulsión del varón no es completamente real, sino que lo que queda desfasado es el modelo del Hombre PPP, mientras se siguen desarrollando nuevas identidades masculinas privilegiadas y exitosas, como vemos en el caso de los *manfluencers*. En realidad, quienes vuelven a sufrir estas expulsiones en términos políticos y económicos son los sectores marginalizados, como se demostró tras la segunda toma de posesión de Donald Trump como presidente de Estados Unidos, en 2025, cuando diferentes empresas decidieron acabar con sus planes de igualdad y diversidad para acercarse a la postura del nuevo Gobierno, de corte fascista. Mujeres y disidencias solo son aceptadas si se puede sacar dinero de ellas, como ocurre con toda identidad.

La recesión de 2008 generó otro terremoto en las identidades económicas masculinas, ya que afectó a sectores masculinizados como la construcción, algo que analiza de manera muy acertada Alfredo Ramos en su magnífico libro *Perforar las masculinidades*.[35] Este cambio con respecto a qué sujetos se mantienen dentro y cuáles son expulsados genera una imagen terrorífica para aquellos que no están acostumbrados a habitar los márgenes de los sistemas económicos. El Hombre al que hacemos referencia se encuentra, de repente, en un abismo, y necesita un discurso que le explique qué es lo que está sucediendo. Es aquí donde entra la extrema derecha y donde parece que las izquierdas no quieren disputar la batalla; parece que asumir que algo está pasando con los hombres implica decir que es culpa de las mujeres. Esta, a mi parecer, es una de las grandes derrotas retóricas de nuestros tiempos y, por descontado, uno de los grandes obstáculos para construir un mundo mejor.

Resumiendo, hay una crisis económica que afecta a los hombres de una manera que se percibe como a) la peor y b) consecuencia de que haya un reparto desigual de los derechos que les está dejando sin nada. Aunque esta impresión de la realidad no es acertada, puesto que las brechas de género y raciales siguen operando, se sustenta en el hecho de que muchos hombres de clase obrera están siendo expulsados de espacios que antes sí los incluían en sus modelos, como el sistema financiero o el laboral. La percepción de la realidad puede entonces ser moldeada para favorecer un comportamiento u otro. En ese contexto, los movimientos conservadores y de ultraderecha, que buscan azuzar la idea de la desaparición del Hombre, tratan de reconstruir una idea de la masculinidad que podríamos resumir con el eslogan *make men great again*.

En el caso de los chicos jóvenes, la percepción de que la suya es la peor situación se construye sobre una experiencia diferente a la que podemos encontrar en los adultos. Su saber sobre el mundo y la realidad queda íntimamente ligado a los productos visuales y los discursos que consumen en redes sociales. La sensación de que el pastel ya está repartido y de que solo quedan las migajas es propia de un momento en el que está claro que las nuevas generaciones no vivirán mejor que las anteriores, y es rápidamente capitalizada por *manfluencers* que buscan vender soluciones para navegar un mundo incierto. Hablemos claro: esa guerra contra el Hombre

66

que perciben los adultos se contagia a los chicos jóvenes a través de diferentes estrategias. No entraré en más detalles, puesto que diseccionaremos la cuestión más adelante. Lo que sí resulta relevante es averiguar los diagnósticos que se hacen de estos procesos de radicalización entre los hombres jóvenes.

La generación más machista de la historia

Una de las grandes afirmaciones en artículos y tertulias que tratan la tendencia de voto que aquí analizamos es la de que nos enfrentamos a «la generación más machista de la historia». Sin embargo, hay varios datos que rompen con esta imagen que se propaga con la velocidad de un incendio.

Los grandes movimientos sociales de nuestra época son el ecologista y el feminista, a los que habría que sumar las protestas contra el genocidio en Palestina que llenan nuestras calles. Estos tres gritos en contra de un sistema que genera muerte, dolor y malestar están conformados por masas críticas en las que la juventud ocupa un lugar central. Futuro Vegetal, Stop Oil, los movimientos feministas de base y las asambleas universitarias feministas y propalestinas son una clara muestra de cómo estos activismos surgen y se nutren de los sectores poblacionales jóvenes. Un claro ejemplo de la conciencia social de las nuevas generaciones es sin lugar a duda el compromiso de figuras como Greta Thunberg. Estas movilizaciones siguen en pie y se refuerzan gracias al relevo y compromiso de nuestros adolescentes.

Algo que llama la atención en estas sentencias sobre el presente ideológico de las nuevas generaciones es el análisis que se hace de las pasadas. Parece que las predecesoras tuvieran un compromiso ideológico férreo con el progreso y el avance en derechos, pero la existencia de jóvenes de extrema derecha que ejecutan actos de violencia es constante en el devenir político de Occidente. El asesinato de Guillem Agulló, el de Carlos Palomino, los actos de violencia entre hombres jóvenes a causa del fútbol y la oleada de jóvenes neonazis de los 90 y los 2000 son prueba de ello.[36] Quizá la cosa tenga que más ver con cómo los adultos han permitido el blanqueamiento de estas ideas en espacios institucionales y mediáticos. Y, como veremos, con la manera en la que los magnates (adultos también) de las redes sociales permiten que sus plataformas sean espacios en los que se premie la creación de contenidos vinculados a discursos de odio y la difusión de ideologías de extrema derecha.

Otro elemento significativo en la manera en la que los feminismos o el ecologismo hacen frente a la extrema derecha son las encuestas de voto de mujeres jóvenes. Como demuestran los diferentes informes que se citan a lo largo de este ensayo, ellas (y elles, aunque las estadísticas sigan en clave binaria) son quienes consiguen las derrotas electorales de las extremas derechas en Europa. Asimismo, cabría hacer un ejercicio de memoria por parte de quienes hemos habitado asambleas antifascistas y universitarias desde los 2000. Lo cierto es que, durante décadas, desde estos mismos espacios de corte anticapitalista se definían el feminismo y el ecologismo como luchas de segundo nivel que deberían tener lugar más adelante. Lo que podemos observar es que muchos de esos hombres antifascistas empiezan a comulgar de manera clara con idearios de corte xenófobo velados (y no tan velados) dentro de discursos obreristas, como en el caso de Alternativa por Alemania o Frente Obrero, mientras que sus compañeras, a las que se señalaba por estar boicoteando la asamblea trayendo a colación el feminismo, el veganismo o el ecologismo, son quienes mantienen a la extrema derecha a raya en las elecciones y en las calles.

Esta supuesta extraña alianza entre el obrerismo y la extrema derecha (unión, por otro lado, histórica y que puede analizarse en diferentes periodos y países), se facilita hoy en día a través de la idea de lo *woke*. Un significante que viene a etiquetar como inútil y, por lo tanto, prescindible, a aquellas ideologías que parecen prestar importancia a cualquier cosa que no sea lo que realmente importa: la cuestión del trabajador. Este trabajador puede ser el propio del imaginario fascista como promulgan Trump y Abascal, o más cercano al imaginario socialista, puesto que ambos comparten rasgos centrales (es blanco, heterosexual, padre de familia...).

Los partidos y movimientos de extrema derecha movilizan inconsciente, deseo y emociones para generar un relato de corte misógino, homófobo, tránsfobo y profundamente racista con el objetivo de encontrar un chivo expiatorio que genere un nuevo antagonismo político del que sacar rédito. En el momento actual, son pocas las voces que señalan la crisis del capitalismo como un momento perfecto para la generación de masculinidades fascistas. La mayoría apuntan al feminismo como una fuerza política ilimitada e incontrolable cuya acción es la que está creando una reacción de corte fascista.

De esta manera, se señala que es el feminismo el responsable de este momento de crisis masculina, cuando lo que ha sucedido es que el modelo del Hombre PPP no es compatible con un sistema económico al que no le tiembla el pulso a la hora de expulsar a los hombres trabajadores. No deja de resultar curioso que quienes señalan lo *woke* como un movimiento identitario radical sean los mismos que gritan y cuyas venas se hinchan para hablar de la civilización occidental, de los hombres de alto valor o de la amenaza sobre los cristianos.

Mientras que los feminismos y la interseccionalidad han creado un marco discursivo que permite que las mujeres y disidencias salgamos de los roles impuestos, los discursos de extrema derecha y masculinistas hacen justo lo contrario. En este nuevo vacío identitario del hombre como agente económico, los *manfluencers* y líderes de extrema derecha generan nuevos roles vinculados a nuevas formas de explotación capitalista, como el discurso del emprendedor.

5. Interneeeeeeeet

Todas las cosas más importantes del mundo están en Internet.
Y si no están, no nos importan.

Andrea Gumes y Anna Portero,
Ciberlocutorio

Internet es para muchas de nosotras un lugar alucinante, una fuente de recursos inconmensurable llena de humor y odio en la que pasan muchas cosas buenas y malas. No siempre fue lo que ahora conocemos, un espacio parcelado dispuesto para el desprecio y la codicia; antes era un lugar en el que muchas encontrábamos refugio.

Como analiza el ingeniero Ben Tarnoff en *Internet para la gente*, la red se originó a través de una inversión pública que, poco a poco, fue privatizándose.[37] Esta transferencia a manos particulares tuvo su origen en la venta y cesión de la materialidad de internet (algo que muchos pasan por alto porque se imaginan que la «nube» y otros términos son un ente abstracto) y continúa en nuestros días mediante la creación de monopolios de plataformas en servicios digitales como motores de búsqueda, alojamiento de webs o redes sociales, lo que ha dado a una nueva modalidad del sistema mundo al que varias autoras ya se refieren como capitalismo de plataformas.

Internet se ha imbricado tanto en nuestra forma de vivir que somos muchas las voces que apuntamos que diferenciar lo online de lo offline no es más que un ejercicio de necedad ante una realidad apabullante: los análisis que sitúan estos dos ámbitos como escenas distintas tienden a olvidar que casi todo el mundo posee un artefacto conectado a internet en alguno de sus bolsillos o muñecas las veinticuatro horas del día. El empeño en separar la experiencia humana en estos dos ámbitos a menudo tiene que ver con la consideración de que lo que pasa online no forma parte de la vida real. Este es otro peligro propio de la terquedad, quizá el más peligroso. Que la experiencia humana ya no puede dividirse en lo online y lo offline es una realidad con varias dimensiones. Es un hecho que lo que sucede online no pasa únicamente online, sino que tiene repercusiones en lo offline. Los casos de acoso o de éxito y sus consecuencias son prueba de ello. Quizá pueda observarse mejor en las ocasiones en que el abuso en redes ha producido suicidios o agresiones.

Otro de los hechos que confirman que estos ámbitos de la vida son interdependientes es visible en la forma en que la política tiene lugar en nuestros días. Negar la importancia de los actores principales del mundo online tanto a nivel interno como supraestatal es un ejercicio de irresponsabilidad política. El rol de Elon Musk durante la campaña electoral para las presidenciales en Argentina fue clave para que el ultraderechista Javier Milei obtuviera la victoria en 2023. El caso argentino es en sí paradigmático, puesto que en la zona de Jujuy (al norte del país) se encuentran algunos de los yacimientos de litio más importantes del mundo. La promesa electoral de Milei de modificar la ley de tierras del país con el fin de ceder esos territorios estratégicos a empresas que necesitan de la explotación del planeta para, paradójicamente, salvarlo llevó a Elon Musk (dueño de Tesla y, por lo tanto, alguien muy interesado en el litio para las baterías de sus modelos automovilísticos) a tener un papel central en la campaña del líder ultraderechista. Este «empuje», este «favor» que Musk le hacía a Milei, no se restringe únicamente a apariciones estelares durante la campaña, sino a favorecer los contenidos que Milei publicaba en sus redes sociales, volviéndolos virales en una plataforma propiedad de un magnate al que se ha visto haciendo saludos fascistas.

En los entresijos de internet, en sus recovecos, en sus múltiples formas de conectar gente y compartir contenido (que no información) hay desde hace décadas espacios en los que diferentes modelos de masculinidades se construyen. Muchos son espacios queer y LGTBIQA+ que han permitido que hombres y disidencias que no encajan con el arquetipo del Hombre hayan encontrado un espacio en el que habitar una identidad disidente. No obstante, vamos a centrarnos en aquellos sitios de internet en los que se construyen identidades masculinas basadas en patrones de odio: la machosfera.

La machosfera

Podemos definir la machosfera (machoesfera o manosfera) como una comunidad heterogénea de hombres unidos por la creencia de que el mundo quiere acabar con ellos debido a un sistema androfóbico que los odia. Sus integrantes coinciden en señalar (de manera más o menos velada) a un único culpable de sus malestares: las mujeres y el feminismo. Dentro de esta amplia esfera podemos encontrar diferentes subcomunidades que utilizan diversos (aunque parecidos) marcos de análisis, diagnósticos y soluciones a la problemática que todos ellos observan. Algunas de las comunidades más conocidas son los incels (célibes involuntarios que culpan a las mujeres de su falta de relaciones románticas y sexuales), los *pick-up artists* (maestros del ligue que utilizan estrategias delictivas y/o vejatorias con mujeres), los *redpillers* (aquellos que tras un proceso de introspección dicen ver la estructura real del mundo, controlado por las mujeres y sus intereses) o los activistas por los derechos de los hombres (donde podríamos encajar tranquilamente a los partidos conservadores actuales), entre otros.

Varios investigadores e investigadoras de la machosfera señalan elementos que permiten la cohesión de estas comunidades tan heterogéneas: comparten un imaginario compuesto por referencias visuales propias (los memes juegan aquí un papel principal) y, sobre todo, un lenguaje propio con el que denominan aquellos fenómenos que según ellos ocurren. La brevedad de este ensayo no nos permite ahondar demasiado en ellos, algo que sí hace Laura

Bates en su libro *Los hombres que odian a las mujeres* cuya lectura recomiendo.[38] Sin embargo, sí que es necesario que contextualicemos la machosfera y sus orígenes.

Muchos de los análisis actuales tienden a situar esta comunidad heterogénea como un fenómeno con un origen reciente vinculado a la explosión de foros como 4chan, 9chan o Reddit. Sin embargo, podríamos apuntar a un origen más temprano si consideramos que buena parte de sus miembros tienen vinculación directa con foros y espacios de extrema derecha que llevan poblando internet desde hace décadas. Un claro ejemplo de esto es la manera en la que Stormfront funcionaba.[39] Asimismo, es importante recalcar que la del movimiento por los derechos de los hombres no es una comunidad que pueda adscribirse únicamente a lo que entenderíamos como la manosfera en términos virtuales, ya que surgió en Estados Unidos en la década de los setenta y desde entonces se ha ido expandiendo por diferentes estados como el español. En este caso, el movimiento tomó fuerza tras acuñar el término «feminazi» y auspiciar la lucha de algunos padres por las custodias compartidas. El análisis de casos como el del movimiento por los derechos de los hombres es un claro ejemplo de que lo virtual no tiene una demarcación única en internet. Lo que rodea a un colectivo o movimiento no puede ser limitado mediante fronteras entre lo offline y lo online. Asimismo, ser capaces de trazar los orígenes de aquellos fenómenos que hoy inundan internet nos permite otra cosa más: ver que no es propio o específico de las nuevas generaciones.

En la actualidad, las subcomunidades cuya repercusión en redes es más fuerte son la incel y la de los *redpillers* (entre los que cabe destacar a los hombres y mujeres de alto valor. Y es que, como la masculinidad no es más que un ejercicio performativo, también puede ser performada por mujeres). En el caso de los primeros, su popularidad viene dada por dos fenómenos diferentes: por un lado, los actos de violencia cometidos por esta comunidad suman ya más de cien víctimas mortales (la mayoría mujeres) y varios casos de agresión; por el otro, el estereotipo que se ha desarrollado en torno a ellos es el de que son hombres «raros» o sin éxito social, lo que los ha llevado a convertirse en el blanco del humor ácido propio de redes sociales como Twitter o foros como Reddit. El impacto de la figura del incel es tal que la directora Gala Hernández ganó en 2024 el César al mejor cortometraje por *La mecánica de los fluidos,* en el que se ahonda en la relación y comunicación con un incel.[40] Es decir, esta figura es ya parte de la cultura pop y *mainstream*, ha dejado de ser un elemento contracultural que vive en los bajos fondos de internet. Otra prueba de ello, además del corto de Hernández, es, de nuevo, la serie *Adolescencia.*

Por otro lado, los *redpillers* ocupan un lugar central en los contenidos virtuales consumidos por los jóvenes (y no tan jóvenes) hoy en día. La imagen de la que surge el término tiene que ver con la escena de *Matrix* en la que a Neo se le da la opción de elegir entre la píldora azul, que te deja seguir viviendo una vida feliz desde la ignorancia, o la roja, que te permite salir de ese engaño y ver la realidad.

Quienes dicen haber tomado esta última son, por consiguiente, aquellos que descubren que la opresión real del mundo se ejerce contra los hombres. Algo que se puede observar en las esferas de la *alt-right* y la extrema derecha, a cuyos seguidores la pastilla roja les permitiría ver la decadencia de Occidente a manos de las mujeres, las personas racializadas, los árabes o los judíos. Llama la atención que sean colectivos abiertamente fascistas los que utilicen el imaginario de una obra creada por las hermanas Wachowski, mujeres trans cuya película trata precisamente sobre salir del paradigma de lo cis.

La capitalización y manipulación del malestar en el que habitan quienes se sienten solos (como los incels) o de quienes no se sienten privilegiados en el capitalismo, aunque se les señale como tal (es el caso de los *redpillers*), son ejemplos de rentabilidad. Esta ha demostrado ser tan alta que algunas de sus estrategias se han ido extendiendo y las identidades que dicen habitar se han convertido en productos de consumo. Pongamos un ejemplo, son miles los cursos carísimos que prometen convertirte en un hombre o mujer de alto valor mediante el seguimiento de la enseñanza de algún pseudogurú.

Esta propagación generalizada de elementos básicos de la machosfera a otros ámbitos permite que podamos hablar, como sugiere el experto en masculinidades Lionel Delgado, de la manocultura, que define como «una cultura masiva de producción de contenido masculinizada, masculinista, victimista o antifeminista».[41] Esta propuesta de la agenda ultraderechista y antifeminista estaría permeando no solo a chicos jóvenes, sino también a otros sectores poblacionales mediante el conjunto de espacios en los que se mueven figuras como los *coaches*, los mentores de *gaming* o de gimnasio, las *tradwives* y los *criptoinfluencers*. Estamos hablando de que el discurso se mueve en un hábitat privilegiado, en diferentes formas de contenido cuyo alcance toca ya a mujeres y hombres de diferentes edades.

En este sentido, es interesante señalar que estas figuras poseen un alto grado de parasitismo ideológico que les permite generar ideales masculinos adaptables a las narrativas políticas que más les convengan. Un ejemplo claro es la manera en la que muchos *influencers* españoles que forman parte de esta manocultura empiezan a rechazar determinadas ideas (como el sexo casual o el ocio) para acercarse a discursos ultraconservadores más propios de religiones como la evangelista, en un pueril intento de llegar a las comunidades evangélicas latinoamericanas y así mejorar su alcance (y monetización).

6. ¿Qué hacemos?

> La experiencia de la generación ado-
> lescente no deja de ser un espejo de los
> discursos sociales de cada momento
> histórico, un espejo a veces incómodo
> y otras esperanzador.
>
> Miquel Missé y Noemi Parra,
> *Adolescentes en transición*

Todas las conversaciones que han rodeado la escritura de este libro han terminado apuntando siempre en la misma dirección: qué se puede hacer en un
mundo que parece dominado por el odio, el individualismo y las pautas de consumo o por visiones
políticas que se aprovechan de afectos como el miedo, el resentimiento y la ira. No creo poseer la llave
maestra, tampoco pienso que el monoteísmo de las
soluciones (es decir, que solo exista una manera de
cambiar las cosas) ayude demasiado al diagnóstico o
al remedio de nuestros problemas. No obstante, como
suelo repetir, el pensamiento crítico no es tal si no es
capaz de generar movimiento. Escribir teoría no es un
ejercicio que pueda considerarse completo hasta
abordar la puesta en práctica de aquello sobre lo

que hemos estado pensando. La situación a la que nos enfrentamos es compleja, y por ello necesitamos poner un mayor esfuerzo no solo en pensar qué hacer, sino en actuar.

Ser dignos de nuestros tiempos

La filósofa Rosi Braidotti lleva años investigando la manera en la que podemos hacer frente a un mundo hostil y cambiante en el que nuestra vida (y, sobre todo, la de los seres no-humanos) cada vez cuenta menos. En este sentido, apunta a dos cuestiones fundamentales para entender qué podemos hacer. La primera tiene que ver con ser dignos de los tiempos que nos ha tocado vivir.

La nostalgia y la melancolía que ensalzan un pasado que parece haber sido mejor (esta es una idea muy repetida entre quienes siempre han gozado de derechos) nos alejan de la realidad material que vivimos. Nos pueden gustar más o menos los avances tecnológicos, nos puede parecer mejor o peor la introducción de elementos como la inteligencia artificial en nuestra cotidianidad o podemos ver mejor o peor que los jóvenes no se organicen en torno al género de la misma manera en que se hacía antes. Pero nuestra opinión no es lo relevante, lo importante es el momento histórico que nos ha tocado vivir. A mí me encantaría no tener que teorizar sobre la extrema derecha y obviar determinados contenidos que acumulan millones de visualizaciones engañando a la gente y generando odio contra otros seres humanos, pero ser dignos de nuestros tiempos implica asumir el momento que vivimos. Solo es posible hacer frente al mundo que habitamos comprendiendo qué es lo que está sucediendo, y para eso solo podemos escuchar a los agentes centrales de los cambios que acontecen.

Ser dignos de la época que nos toca vivir significa no caer en discursos nihilistas propios de la desactivación, sino tener una posición móvil que nos permita adaptarnos para ofrecer análisis y soluciones a aquello que se muestra como una amenaza.

Asumir nuestro papel

La catástrofe climática genera una auténtica brecha generacional. Los adultos piden a la juventud un mayor compromiso con el mundo en torno a la política cuando son esas mismas generaciones las que han creado y mantenido un sistema de producción y consumo que nos aboca a una crisis medioambiental sin precedentes. La justicia intergeneracional (así como la interespecie) es una de las grandes asignaturas suspensas de las sociedades del Norte Global. Exigimos constantes sacrificios a sectores poblacionales cuyos intereses, demandas y necesidades suelen ser ignorados. Ya hemos analizado el caso del COVID-19, cuando los jóvenes de diferentes países vieron cómo se les criminalizaba asegurando que eran ellos quienes se saltaban las normas y contagiaban a nuestras generaciones mayores, al mismo tiempo que sus necesidades sociales eran minusvaloradas por no formar parte del imaginario de obligaciones importantes de los adultos.

Los partidos de izquierdas también son responsables del auge de la extrema derecha. El centro político carece de una posición estable (ya que lo que está en el centro encuentra su lugar situándose a medio camino entre derecha e izquierda). Cuando los partidos tradicionales de ambos lados compran las tesis de la extrema derecha, el centro se va moviendo cada vez más hacia la derecha, y esto conlleva una condena al fracaso de las políticas progresistas. En el momento en que Pedro Sánchez afirma que sus amigos (progresistas) se sienten intimidados por las feministas, está comprando el marco de la extrema derecha. Señala, de manera directa, al feminismo y a las feministas como culpables de la deriva ultraderechista por parte de sectores poblacionales que de todos modos no se sienten apelados por un partido que desconoce el idioma que les interesa (y está claro que ningún partido de izquierdas asume actualmente que se ha alejado de su electorado por méritos propios). Pero ¿qué pasa después de que el Partido Socialista diagnostique que el problema son las feministas? Que no propone nada para arreglarlo, porque sabe que no es un problema real. Quien termina ofreciendo soluciones a las cuestiones de la agenda de la extrema derecha es, precisamente, la extrema derecha. Entre sus brillantes ideas, acabar con «los chiringuitos feministas» que se encargan de proteger a las mujeres que han sufrido violencia de género.

Esto mismo puede replicarse en otros ámbitos, como el de la vivienda: la extrema derecha pone el foco del problema en los okupas. Según su argumentario, este es el principal problema habitacional de nuestro país. Cuando partidos como el PSOE dan por válida esa narrativa y dejan de lado las preocupaciones reales de la vivienda (desahucios, burbuja del precio del alquiler, olvido de las zonas rurales mediante la eliminación de servicios básicos, etc.) y sus motivos (un entramado internacional de especulación inmobiliaria en el que los fondos buitre campan a sus anchas) validan el diagnóstico político de la extrema derecha y, de nuevo, ¡qué sorpresa!, los únicos que pueden poner una solución real al problema que se han inventado son precisamente las figuras de la extrema derecha. Adoptamos así la narrativa de la solución ofrecida por estas fuerzas políticas para la vivienda: grupos paramilitares neofascistas que echarán a los perroflautas de las casas de nuestras abuelas. Lo mismo sucede con el blanqueamiento del discurso xenófobo de estos partidos, que apunta a los y las migrantes como responsables de la situación económica o de la delincuencia.

Quienes ocupan cargos relevantes en los partidos políticos, quienes abrieron las puertas de sus platós, radios o periódicos a la extrema derecha, quienes permiten que sostengan posiciones de poder no son chavales de dieciséis años que ven vídeos de TikTok en vez de hacer los deberes del insti. Quienes dejaron un mundo peor que el que se encontraron son adultos. Quienes privatizaron y destrozaron el sistema público de enseñanza o de salud tampoco forman parte de la generación Z. Quienes auparon a la extrema derecha fueron muchos otros, incluso nosotros mismos. Hacer un ejercicio de autocrítica, darnos cuenta del lugar que ocupamos dentro de la reproducción de un sistema que produce dolor, violencia y muerte es algo fundamental para dejar atrás las acusaciones sobre quién tiene la culpa con las que comenzaba el ensayo.

El segundo elemento que Braidotti pone sobre la mesa es el de la política afirmativa como una posición ante la respuesta,[42] como una manera de no quedarnos bloqueadas y empezar a hacer. Ser dignos de nuestros tiempos y luchar por una política afirmativa es un ejercicio que solo puede abordarse una vez que dejamos de crear realidad desde el dolor, abandonando totalmente el paradigma de la víctima o del salvador (algo que Braidotti señala como el desplazamiento de la idea de responsabilidad a la idea de imputabilidad).[43] Está claro que la responsabilidad del genocidio en Gaza no es la misma para todo el mundo. No todo el mundo juega el mismo papel en la Nakba; sin embargo, todas somos imputables del genocidio.

Manos a la obra

Queda claro que es más que necesario un nuevo paradigma desde el que asomarnos a la política. La imputabilidad, la dignidad y lo afirmativo forman parte precisamente de este nuevo paradigma. No obstante, la praxis va más allá.

Si internet es en efecto uno de los espacios donde la extrema derecha puede campar a sus anchas con mayor tranquilidad es gracias a los algoritmos impuestos por los magnates que controlan las plataformas y que colaboran directamente con ellas, como pudimos ver en la toma de posesión de Donald

Trump en 2025. Por lo tanto, una de las primeras cosas que debemos plantearnos es justamente la manera en la que vamos a habitar y consumir internet. En este sentido, iniciativas como Pantube o las migraciones virtuales de Twitter a Mastodon o BlueSky son muestras de que «otra internet es posible», como señalan desde Proyecto UNA.[44]

Asimismo, cabría que nos preguntáramos cuál es la estrategia de la ultraderecha para captar a los hombres jóvenes. Esta, sin ningún tipo de duda, pasa por la manipulación de los afectos de esos sectores de nuestra sociedad que, sin haber cumplido los dieciocho, muestran altas tasas de suicidio, padecimientos psíquicos o *burnout*. Además, sus preocupaciones no son, desde hace tiempo, las que se asignaban a la infancia o a la adolescencia. La presión estética, el mundo multicrisis en el que vivimos, la falta de proyección en un futuro incierto que podría estallar en mil pedazos en cualquier momento, entre otros, son elementos que forman parte del imaginario de quienes habitarán el futuro cuando nosotras ya no estemos.

¿Cómo hacer? ¿Cómo convencer? ¿Cómo seducir? ¿Cómo conseguir que los jóvenes compartan nuestros análisis y se adhieran a posiciones de izquierdas para buscar soluciones? No creo que sea a través de la estigmatización, el insulto o la amenaza constante. Si queremos que esos chavales salgan de la ultraderecha y del antifeminismo o que no lleguen siquiera a entrar ahí, lo que necesitamos es generar espacios en los que se sientan cómodos para construir una masculinidad alternativa y deseable. Sé que el gran debate reside en si los hombres pueden ser feministas, en si usurparían los principios que tanto costó construir, en si esto implicaría infinitos ejercicios de pedagogía no remunerada por parte de quienes llevan décadas sufriendo acoso por sus valores feministas. No creo que nadie deba decirles a las demás qué puede hacer o cómo ha de ser su activismo. Lo que sí puedo apuntar es que para mí cabe la posibilidad de que haya hombres feministas y que merece la pena trabajar con chavales jóvenes. En mi opinión, el feminismo no es un movimiento identitario con un sujeto único, sino una cosmogonía, una manera más justa de entender el mundo. Ser feminista es la intención con la que me asomo a comprender el mundo, no una identidad. Siendo feminista tengo comportamientos machistas, al igual que siendo antirracista tengo comportamientos racistas. ¿Por qué no dar la oportunidad a otro de hacer el mismo aprendizaje en el que baso mi experiencia vital?

No sé quién terminará por hacerlo, pero es necesaria una conversación sobre cómo se puede ser un hombre masculino (que no masculinista) y heterosexual y habitar el mundo de una manera no agresiva. Es necesaria una conversación sobre el deseo heterosexual, sobre qué hombres son deseables, sobre cuáles son los hombres que las mujeres aman o quieren tirarse. El deseo es social y está en manos de todas y todos ponernos a pensar en cómo queremos empezar a relacionarnos.

Volver a lo comunitario

Creo que es importante que nos abramos a replantear la idea del enemigo político, la manera que tenemos de relacionarnos con el otro y la esperanza que podemos (o no) albergar en la posibilidad de cambio. Sin ningún tipo de duda, tenemos una manera schmittiana de contemplar el panorama político según el esquema amigo-enemigo, nosotros-el otro, y es algo de lo que bien merecería la pena desprendernos.[45]

El capitalismo es muchas cosas a la vez: un sistema económico, político, social, cultural, etc. Es también lo que modifica nuestros patrones de consumo y de producción. El capitalismo altera también nuestro arte e incluso las experiencias estéticas que tenemos. Por eso, el sociólogo Immanuel Wallerstein conceptualizó el capitalismo como un sistema-mundo.[46] No obstante, hay una de sus dimensiones en la que creo que merece la pena ahondar a la hora de plantear una praxis sobre cómo enfrentarnos a la extrema derecha.

Esta estructura que todo lo permea mientras lo destruye es también un modo de relacionarnos que, como hemos visto, utiliza y manipula los afectos y el deseo basándose en el individualismo y en una concepción del beneficio un tanto distorsionada que pasa necesariamente por dejar de interesarnos por el otro, que rompe los lazos entre quienes podrían construir una alternativa al presente. El capitalismo es un sistema relacional que supone siempre un antagonismo entre quienes se encuentran a la misma altura dentro de un sistema de explotación. Alienarnos del otro, matarlo simbólicamente, vincularnos con él tan solo a través del odio o del rencor es lo que permite que esos otros puedan ser explotados.

En otras palabras, el capitalismo es un sistema necropolítico que hace que alguien muera para nosotros, para que lo podamos explotar sin el menor remordimiento. Una lógica anticapitalista pasa por replantear nuestras alianzas, por generar uniones que pueden resultarnos incómodas en un primer momento, por pararnos a pensar en quiénes podrían ser nuestros enemigos políticos, quiénes nuestros adversarios y quiénes nuestros aliados (por mucho que esta palabra ahora nos horrorice).

Debería abrirse el debate sobre la posibilidad de cargarnos la racionalidad capitalista que nos permite desmerecer la vida de las demás, que nos permite pensar que el cambio no es posible, que nos permite ser crudos y crueles con las demás. Para mí, la única manera de seguir adelante, de pensar en un presente vivible, de desear estar y habitar este mundo, es volver a lo comunitario. Hagamos un giro de sentido común hacia el sentido de lo común.

Agradecimientos

Cada vez que me siento a escribir me doy cuenta de lo corta que se queda la palabra «agradecimiento»; quizá «apreciación» y «fortuna» tengan más que ver con cómo me siento. Escribir es, cada vez más, un ejercicio tan privilegiado como precario. Encontrar el tiempo, la energía y el ánimo para leer, sentarse en silencio y enfrentarse al folio en blanco es algo que no todo el mundo puede permitirse. A la vez, hacerlo implica una precariedad en la que la mayoría de las actividades a las que debemos ofrecernos las escritoras son no remuneradas, conllevan horas de viajes y poner el cuerpo y la cara ante cantidades bochornosas de insultos cuando decides hablar abiertamente de política. Por todas estas razones este libro y todo lo que escribo solo son posibles gracias a la red de cuidados, comunidad y amor que me sostiene en la escritura y en todo lo que acontece cuando lanzas un libro a la lectura de ojos ajenos.

Este libro comenzó a fraguarse en junio de 2025, en una residencia de escritura en Casa Virupa. No puedo dejar de agradecerle a la comunidad de este espacio el regalo que supone compartir techo y conversación con ellas. Hablar de la posibilidad de mundos y presentes más amables y vivibles es un ejercicio más fácil cuando sabes que esos lugares ya existen. Casa Virupa demuestra que ya existen otros mundos en este que habitamos. *Auge* terminó de escribirse entre los meses de julio y diciembre de 2025, en Barreu. Gracias a Javi y a Tina por compartir conmigo su techo y por dejarme vivir entre unas paredes tan sólidas y gruesas. Este libro os debe mucho.

Gracias como siempre a mi red de amigas y amigos por leerme, enseñarme, escucharme y compartir conmigo cada uno de sus días, ya sea a distancia o en la cercanía del hogar. Este libro debe y bebe de manera clara de mi amiga Celia y de mi amigo Roy, quienes son pura inspiración, oído y boca, palabra y escucha. Todo lo que hay aquí es una decantación de lo que llevamos tanto tiempo hablando. Tampoco podría haberme metido en el mundo de las masculinidades sin haber comprendido que otros hombres son posibles. Gracias a Joan y a Lucas, por demostrarme lo bonita que puede ser la amistad y enseñarme que los hombres son mucho más. Gracias al caballo de fuego que apareció bajo mi ventana un día de invierno para seguir demostrándome que el amor desde la magia es posible y deseable, por leerme con tanto cariño y cuidado. Gracias a mi amiga Sara, por enseñarme que la ternura es un espacio que podemos habitar para el cambio. Gracias a mis sobrinas, por aparecer con la pureza de quien aún no sabe de qué va el mundo, por haberme ayudado a recordar ese sentimiento y a ver que es posible imaginar y vivir mundos mejores. Nada es posible sin las condiciones materiales. Gracias a mamá, por todas las veces que me preparó la comida este verano mientras yo escribía.

Gracias a Plata, a quien este libro debe tanto. Después de diecisiete años te has ido y no hay día que no eche de menos tu compañía mientras leo. Siempre serás eterna.

Gracias a todas y todos los que me leéis, a quienes me demostráis que merece la pena escribir que otro mundo es posible.

Notas

1. Yo no he sido

1. John Burn-Murdoch, «A new global gender divide is emerging», Opinion Data Points, *Financial Times*, 26 de enero de 2024, <https://www.ft.com/content/29fd9b5c-2f35-41bf-9d4c-994db4e12998>.

2. Lionel Delgado, «¿De verdad hay un problema de machismo con los chavales?», *El Salto*, 30 de junio de 2025, <https://www.elsaltodiario.com/masculinidad-en-demolicion/verdad-hay-un-problema-machismo-chavales>.

3. *Percepciones sobre la igualdad entre hombres y mujeres y estereotipos de género*, Centro de Estudios Sociológicos, 2024, <https://www.cis.es/es/detalle-ficha-estudio?origen=estudio&codEstudio=3428>.

4. Alicia Valdés, *Política del malestar. Por qué no deseamos alternativas al presente*, Barcelona, Debate, 2024; A. Valdés, *Toward a Feminist Lacanian Left: Psychoanalytic Theory and Intersectional Politics*, Abingdon, Taylor & Francis Limited, 2022), <https://books.google.es/books?id=bwGozgEACAAJ>; A. Valdés *et al.*, *La potencia afectiva. Deseo, cuerpo y emociones*, Madrid, Continta me tienes, 2025.

5. Đorđe Milosav *et al.*, «The Youth Gender Gap in Support for the Far Right», *Journal of European Public*

Policy, 24 de marzo de 2025, pp. 1-25, <https://doi.org/10.1080/13501763.2025.2481181>; Gefjon Off *et al.*, «Is There a Gender Youth Gap in Far-Right Voting and Cultural Attitudes?», *European Journal of Politics and Gender*, 10 de febrero de 2025, pp. 1-6, <https://doi.org/10.1332/25151088Y2025D000000077>; Terri E. Givens, «The Radical Right Gender Gap», *Comparative Political Studies*, 37, 1 (2004), pp. 30-54, <https://doi.org/10.1177/0010414003260124>; Tim Immerzeel *et al.*, «Explaining the Gender Gap in Radical Right Voting: A Cross-National Investigation in 12 Western European Countries», *Comparative European Politics*, 13, 2 (2015), pp. 263-286, <https://doi.org/10.1057/cep.2013.20>; Jane Green y Rosalind Shorrocks, «The Gender Backlash in the Vote for Brexit», *Political Behavior*, 45, 1 (2023), pp. 347-371, <https://doi.org/10.1007/s11109-021-09704-y>.

6. Milosav *et al.*, «The Youth Gender Gap in Support for the Far Right», *op. cit.*

7. *Ibid.*

8. Off *et al.*, «Is There a Gender Youth Gap in Far-Right Voting and Cultural Attitudes?», *op. cit.*

9. Owen Winter [@OwenWntr], «Britain is now one of very few countries where Gen Z are firmly left-of-centre», X, 6 de septiembre de 2025, <https://x.com/OwenWntr/status/1964421486007189592>.

10. Daniel V. Guisado [@danielvguisado], «Según 40dB Vox ha tenido un importante crecimiento entre julio y agosto. Parece que ensancha su intención entre los votantes adultos y más mayores. Pierde fuerza entre la generación Z», X, 8 de septiembre de 2025 [consultado el 19 de septiembre de 2025], <https://T.Co/oQQ0GM3WhD>.

2. Me quiero morir

11. Mauro Entrialgo, *Malismo. La ostentación del mal como propaganda*, Madrid, Capitán Swing, 2024.

12. «España sigue entre los primeros puestos de pobreza en la UE: cuarto país con más población en riesgo de pobreza y exclusión», EAPN España, 30 de abril de 2025 [consultado el 19 de septiembre de 2025], <https://www.eapn.es/actualidad/1852/espana-sigue-entre-los-primeros-puestos-de-pobreza-en-la-ue-cuarto-pais-con-mas-poblacion-en-riesgo-de-pobreza-y-exclusion>.

13. Miquel Missé y Noemi Parra, *Adolescentes en transición. Pensar la experiencia de género en tiempos de incertidumbre*, Barcelona, Bellaterra Edicions, 2023.

14. Valdés, *Política del malestar*, op. cit.

15. Sofía Pérez Mendoza, «"Es un invento ideológico": aumenta el negacionismo de la violencia de género entre la juventud española», *elDiario.es*, 26 de junio de 2025 [consultado el 19 de septiembre de 2025], <https://www.eldiario.es/sociedad/invento-ideologico-aumenta-negacionismo-violencia-genero-juventud-espanola_1_12414652.html>.

16. Luz de Myotanh Vázquez, «El suicidio, primera causa de muerte no accidental en jóvenes: "Somos la primera línea en la detección y prevención de problemas de salud mental infantojuvenil"», semFYC, 10 de septiembre de 2024 [consultado el 19 de septiembre de 2015], <https://www.semfyc.es/actualidad/el-suicidio-primera-causa-de-muerte-no-accidental-en-jovenes-somos-la-primera-linea-en-la-deteccion-y-prevencion-de-problemas-de-salud-mental-infantojuvenil-luz-de-myotanh-vazquez>.

17. Xavi Sancho, «Gary Stevenson: "La izquierda tiene un problema en cómo concibe a los hombres jóvenes"»,

El País, 29 de noviembre de 2025, <https://elpais.com/eps/2025-11-29/gary-stevenson-la-izquierda-tiene-un-pro blema-en-como-concibe-a-los-hombres-jovenes.html>.

3. Uno, glande y libre

18. Anthony Giddens, *La constitución de la sociedad. Bases para la teoría de la estructuración*, Buenos Aires, Amorrortu, 2006.

19. Claire Ainsworth, «Sex Redefined», *Nature*, 518, 7539 (2015), pp. 288-291, <https://doi.org/10.1038/518288a>.

20. Jean-François Lyotard, *La condición postmoderna. Informe sobre el saber*, Madrid, Cátedra, 1989.

21. Monique Wittig, *El pensamiento heterosexual y otros ensayos*, Barcelona, Egales, 2006; Monique Wittig, «One Is Not Born a Woman», en *The Lesbian and Gay Studies Reader*, Henry Abelove *et al.* (eds.), Abingdon, Routledge, 1993.

22. Valdés, *Política del malestar*, *op. cit.*

23. Patricia Reguero Ríos, «Extrema derecha, feminismo TERF, cuentas falsas: un estudio señala cómo se fabrica el discurso LGTBfóbico en X», *El Salto*, 26 de enero de 2024, <https://www.elsaltodiario.com/lgtbifo bia/odio-twitter-x-colectivo-lgtbiq+-estudio-orgullo>.

24. Missé y Parra, *Adolescentes en transición*, *op. cit.*, p. 160.

25. *Ibid.*

26. Susan Bordo, «The Cartesian Masculinization of Thought», *Signs*, 11, 3 (1986), pp. 439-456.

4. *Make men great again*

27. Noam Gidron y Peter A. Hall, «The Politics of Social Status: Economic and Cultural Roots of the Populist Right», *The British Journal of Sociology*, 68, S1 (2017), <https://doi.org/10.1111/1468-4446.12319>; Terri E. Givens, «The Radical Right Gender Gap», *Comparative Political Studies*, 37, 1 (2004), <https://doi.org/10.1177/0010414003260124>; Immerzeel *et al.*, «Explaining the Gender Gap in Radical Right Voting», *op. cit.*

28. Rosi Braidotti, *El conocimiento posthumano*, Barcelona, Gedisa, 2020.

29. Michael Roberts, «Crises and Cycles in Capitalism», en *Radical Political Economics*, Mona Ali y Ann E. Davis (eds.), Abingdon, Routledge, 2024, <https://doi.org/10.4324/9781003366690-10>.

30. Valdés *et al.*, *La potencia afectiva*, *op. cit.*; Valdés, *Política del malestar, op. cit.*

31. Judith Butler, *Marcos de guerra. Las vidas lloradas*, Barcelona, Paidós, 2015.

32. Christo Casas, *Maricas malas. Construir un futuro colectivo desde la disidencia*, Barcelona, Paidós, 2023.

33. Silvia Federici, *Calibán y la bruja. Mujeres, cuerpo y acumulación originaria*, Quito, Abya-Yala, 2016.

34. Gefjon Off *et al.*, «Who Perceives Women's Rights as Threatening to Men and Boys? Explaining Modern Sexism among Young Men in Europe», *Frontiers in Political Science*, 4 (2022), 909811, <https://doi.org/10.3389/fpos.2022.909811>; Green y Shorrocks, «The Gender Backlash in the Vote for Brexit"plainCitation":"Gefjon Off et al., "Who Perceives Women's Rights

as Threatening to Men and Boys? Explaining Modern Sexism among Young Men in Europe," Frontiers in Political Science 4 (August 2022», *op. cit.*

35. Alfredo Ramos, *Perforar las masculinidades*, Barcelona, Bellaterra Edicions, 2024.

36. Miquel Ramos, *Antifascistas. Así se combate la extrema derecha española desde los años 90*, Madrid, Capitán Swing, 2022.

5. Interneeeeeeeet

37. Ben Tarnoff, *Internet para la gente. La lucha por nuestro futuro digital*, Barcelona, Debate, 2025.

38. Laura Bates, *Los hombres que odian a las mujeres. Incels, artistas de seducción y otras subculturas misóginas online*, Madrid, Capitán Swing, 2023.

39. Anton Törnberg y Petter Törnberg, *Intimate Communities of Hate: Why Social Media Fuels Far-Right Extremism*, Abingdon, Routledge, 2024.

40. Gala Hernández, *La mecánica de los fluidos*, prod. L'Heure d'Été, Après les Réseaux Sociaux, 2022.

41. Lionel Delgado, Facebook, consultado el 19 de septiembre de 2025, <https://www.facebook.com/MasMadridCM/videos/657995923664213/>.

6. ¿Qué hacemos?

42. Rosi Braidotti, *Por una política afirmativa. Itinerarios éticos*, Barcelona, Gedisa, 2018.

43. Braidotti, *El conocimiento posthumano*, *op. cit.*

44. @pantubot, «Fanzine: "Otra Internet Es Posible", un cuento de Proyecto UNA», *Pantube*, 30 de octu-

bre de 2023, <https://pantube.tv/fanzine-otra-internet-es-posible/>.

45. Carl Schmitt, *El concepto de lo político*, Madrid, Alianza, 2014.

46. Immanuel Wallerstein, *World-Systems Analysis: An Introduction*, Durham, Duke University Press, 2007.